名师名校名校长书系

人生待一花开

——一位语文教师的教育梦

曾锦花／著

东北师范大学出版社

长　春

图书在版编目（CIP）数据

人生待一花开：一位语文教师的教育梦 / 曾锦花著
. — 长春：东北师范大学出版社，2019.8
ISBN 978-7-5681-6223-4

Ⅰ. ①人… Ⅱ. ①曾… Ⅲ. ①中学语文课—教学研究
Ⅳ. ①G633.302

中国版本图书馆CIP数据核字（2019）第199908号

□策划创意：刘　鹏
□责任编辑：何　宁　张新宁　□封面设计：姜　龙
□责任校对：刘彦妮　张小娅　□责任印制：张允豪

东北师范大学出版社出版发行

长春净月经济开发区金宝街 118 号（邮政编码：130117）

电话：0431-84568115

网址：http：// www.nenup.com

北京言之凿文化发展有限公司设计部制版

廊坊市金朗印刷有限公司印装

廊坊市广阳区廊万路 18 号（邮编：065000）

2022年6月第1版　2022年6月第1次印刷

幅面尺寸：170mm×240mm　印张：16.75　字数：278千

定价：45.00元

序 言

一位语文教师的教育梦

儿时，我特别喜欢读冰心与张洁的散文。读着她们灵动的文字，我的心中开始悄悄地萌生一个梦想，那就是有一天我也能成为一名作家，像她们那样拥有一台打字机，喝着清茶，在午后暖暖的阳光里安静悠然地写作。幸逢盛世，时光如梭。终于有一天，我可以坐在电脑前，用手指敲击键盘，认认真真地写作。今天，在温暖的午后，我开始为我人生的第一本书写序言。我满怀着激动与期盼，充满着敬畏与虔诚，开始了静心思考和真诚诉说。

毕业后，背上行囊来到了深圳宝安，时光荏苒，一晃已近二十年。在南国盛开的殷红木棉里，我的生命在不停地拔节生长。我感激故土对我的培育与滋养，更感激宝安这片热土给予我的机会与栽培。万物有节，自然无声，在这岁月的更迭中，我如同撑船的船夫，将一届又一届的学生渡向远方。

曾经的作家梦，变成了一个教师梦，一个等待花开的教育梦。

人生待一花开。在从教语文的生涯中，我有幸认识了很多令我钦佩的人，他们的教育理念与行动实践在我面前如鲜花般绽放，那种因语文教学而散发的香气让我的教育生涯变得诗意盎然、丰富灵动。感谢生命中的那些遇见！感谢特级教师罗伟源前辈对我的指点，恩师的教导宛如在昨日。他曾意味深长地对我说："锦花啊，你以后要多读点教育书籍和杂志啊！"初出茅庐的我，牢牢地记住了这句话。于是，我翻开了诸多著名教师写的书籍，最先翻开的是著名特级教师于永正老师的《教海漫记》，一读我就深深地爱上了于老师写的文字，他的文字是那样的朴实、真切，感人肺腑。2008年，在宝安区语文教研员唐宝成老师的推荐下，我有幸与现已是清华大学附属小学校长、全国著名特级教师窦桂梅老师同台上课。那是我第一次见到窦老师，以前就听到很多人赞叹窦老师的课是如何的好，从第一次见面后，我便开始关注窦桂梅老师写的书籍与文章，以及她的其他消息。窦桂梅老师对教育的挚爱、对生命的感悟以及对课堂教学的建树深深地吸引着我。也就是在此次上课之前，唐宝成老师邀请深圳市语文教研员赵志祥老师来为我指导。在听评课中，赵老师独特率真、才华横溢的个性点醒了我，他悄悄地给我一张小纸条，大意是让我要有自己的想法，不要被他人的思想左右。这一次可贵的遇见，让我的语文教学生涯发生了巨大的变革。我下定决心要做一个独特的、有思想的好老师。再后来，我有幸碰到了叶剑平校长。睿智的叶校长把全国名师请到我们身边，请他们为我们上示范课、做讲座。在此期间，我近距离地见到了于永正、靳家彦、李卫东等全国著名教师。在此，我感谢正高级教师、广东省名师工作室主持人、海韵学校何云校长对我的思想引领，感谢海韵学校每年给我提供的强有力的学习平台，感谢长久以来给予我关怀和爱护的亲朋好友，感谢与我共同成长的同仁与学生，以及默默给予我支持的家长们。在每年的"名思教研""东南教科所"等全国性的教师学习培训里，我有幸与国内外知名作家、全国名师相遇。他们中对我影响最大的有：莫言、曹文轩、林清玄、余秋雨、赵丽宏、赵志祥、窦桂梅、朱文君、胡红梅、蒋军晶等。他们如同一盏又一盏的明灯，照亮我前行的道路，催生我心中的梦想。

我心中的"梦想"慢慢生根，向下延展，汲取水源，悄悄萌芽，破土而出。在当今教育的蓬勃之林中，我满心期待"梦想"不断茁壮成长，成为参天大树，绽放繁花，结成硕果，为这片"教育之林"增添美丽与诗意，创造绿意与生机！"合抱之木，生于毫末；九层之台，起于垒土；千里之行，始于足下。"在此勉之。

曾锦花

2018年9月26日

目 录
CONTENTS

第一篇
伴爱成长——在坚实的大地上向下扎根

第二篇
学习路上——在肥沃的土壤里向上萌芽

第三篇

专业思考——在温暖的阳光中制造养分

第四篇

诗意课堂——在雨露的滋润下绽放美丽

第五篇

文字永恒 —— 在星辰的凝望中留下种子

1 »

第一篇

伴爱成长

——在坚实的大地上向下扎根

"一颗沙里看出一个世界，一朵野花里一座天堂，把无限放在你的手掌上，永恒在一刹那里收藏。"感谢生命中那些珍贵的教诲，感谢人生里最重要的铺垫。无数细微而真诚的爱，汇成了我生命中的教育之河。

让灵魂深处开出花一朵

一朵花的盛开，不仅仅是一时的惊艳。请记住，它经历了扎根、萌芽、长叶、绽蕾、结果，最终留下的种子，在来年开出一片花。这一片花，又经历了扎根、萌芽、长叶、绽蕾、结果，最终留下的种子，在来年开出更大的一片花。如此循环反复，成为一片花的海。——这是我心中理想教育的模样。

有人说，上课就是上自己，评课就是评自己，如此推断，教书就是教自己。《礼记·学记》："是故学然后知不足，教然后知困。知不足，然后能自反也；知困，然后能自强也。故曰：教学相长也。"有人说，教师是人类灵魂的工程师。这是多么崇高的赞誉，亦是多么崇高的期盼！因此，教师在成为塑造他人灵魂的工程师之前，需先修炼好自己的灵魂。这种灵魂的修炼不单单是来自一段时间的专业学习，更是来自长久生活的一种灵魂学习。大教育家孔子，他巨大的教育成就就是在其哲学思想的指导下取得的。他在教育方面的哲学思想归纳起来有七个方面：立志、博学、审问、慎思、明辨、时习和笃行。而在西方，在冯特提出科学心理学之前，哲学心理学在古代和近代时期分别被定义为"研究灵魂之学"和"研究心灵之学"。这方面的代表人物是亚里士多德，他把教育与人的发展的需求视为思想性灵魂成长的需要。教育就是塑造和完善思想性灵魂的过程。

让我的灵魂开出一朵花，愿我的学生成为一棵棵参天大树，成为国之栋梁，在新时代的春风里，开成一片花的海，愿他们永远充满阳光，明媚如初！

回望生命深处

每个人的人生都是一个宏大的故事，一个个由诸多小故事汇成的宏大故事。有的故事长，有的故事短，有的故事曲折离奇，有的故事惊险刺激。但，没有一个故事是平淡的，因为生命本身就是一个传奇。下面我想述说的是我的教育故事。

学校——我生命中的"桃花源"

我的家乡在湖南邵阳，那是一座历史古城。邵阳，旧名宝庆，位于湘中偏西南，资江绕郭，邵水穿城。西周召伯，甘棠布政，春秋白善，垒土筑城。这座古城已有2 500多年的历史了。这座古城四季分明，给了童年时代与少年时代的我如诗如画般的记忆。春天里桃花红、杏花白，油菜花金黄一片；夏日里玉兰绽放纯洁的笑脸，荷花散发着淡淡的清香；秋天里各色菊花竞相开放，枫林红得似火，梧桐树叶铺满街道，松林铺上软软的地毯；冬天里雪花纷飞，大地银装素裹，四周寂静无声。

我的教育生涯可能从娘胎里就开始了。那些流淌在生命深处的教育血液，也许在生命一开始时，便带上了某种符号。1982年的初夏，有一个女孩诞生在一个普通的教师之家。父亲满费心思地给她取了名字，盼望这个女孩能一生幸福快乐，锦上添花。这个女孩就是我。也许就是在命运的偶然间，我便注定这一辈子要与教师结缘。

从小，我便在家庭这个"课堂"里学习，跟随着人生中第一任也是最重要的两位教师——父亲和母亲，学习最重要的"人生功课"。

听父母讲，我是在学校里长大的。父母年轻的时候，他们还没有购房，我便跟随他们在学校生活。大概从那时起，我便爱上了学校，爱上了这片纯净的土地。学校坐落在一个山清水秀、鸟鸣山幽的风景绝佳的地方，一条小溪在学校旁边潺潺流过，一座高山上长满奇花异草，几棵桃树在春日里落英缤纷，几片菜地在学校旁肆意生长。学校宽阔的操场是我成长的乐园，几间小小的教室是我学习的场所。后来，父母所处的学校几经改造，中途又搬迁了几次，可是我对于学校的记忆，还是留存在这里。因为这所学校，给予了我生命中最初始、最温暖、最美好的记忆。

"两个黄鹂鸣翠柳，一行白鹭上青天。窗含西岭千秋雪，门泊东吴万里船。"这是我牙牙学语时父母教我的一首诗，我热爱诗的那颗种子应该就是从那时开始萌发的，到现在我还热切地爱着，我想这种对诗歌的热爱一定会贯穿我生命的始终。可见，一个人的生命最早被刻画过什么是多么重要，早期的教育对一个人的成长也许会起到关键性的作用。不然，怎么会有"三岁看大，七岁看老"之说呢？

听母亲说，我在学校跟随他们住到了四五岁才搬进了父母购置的房子里。虽然我对学校的很多记忆已经模糊了，但校园里的那棵桃花树还清晰地印在我的脑海里。春雨绵绵过后，桃花艳丽，绽开朵朵笑脸。天气晴好的时候，我跟随母亲同事的儿子爬上学校对面的小山，用小锄头掘出我们自己也叫不出名字的花草，然后高高兴兴地将这些野花种在桃树底下。花香醉人，我们在桃树底下种下花草，盼望着它们快快长大。父母工作很忙，从小我就跟随着父母，他们或者将我放在他们的办公室里，或者让我坐在他们上课的教室后面的门槛上。可能从那时候起，我就不知不觉地爱上了学校，爱上了这处人世间的"世外桃源"。

时光如白驹过隙，一眨眼我就五岁半了。父母没有时间送我上幼儿园，我也没有上学前班，他们因为忙碌便将我放在他们的同事王带莲老师的班上当"旁听生"了。小小的我不知道"旁听"为何物，只依稀记得班主任兼语文老师王老师是那样和蔼可亲，慈祥温柔。而教数学的杨建中老师却一脸严肃，常常有各种"妙招"令调皮的孩子们"闻风丧胆"。由于年龄小，我跟随比自己大两岁的同学们一起上学，简直像是在看电影。知识没有学会多少，我却学着大孩子那样"说谎"了！孩子们都贪玩，我也一样。每天一放学，我就回家与小伙伴们狂奔，俨然忘记作业为何物。我听到同学们这样对王老师说："我作业放在家里忘记带来了。"我也学着对王老师说："我的作业放在家里忘记带来了！"可是，没有做好的作业第二天就被王老师"揪"出来了。我战战兢兢，生怕挨一顿戒尺。但没有想到王老师温柔地对我和几个没有完成作业的同学说："你们把作业补好哦。"便没有多语了。我和那几个没有完成作业的同学默默地将作业补好了，交给了王老师重新批改，她甜甜地笑了。从那以后，每天放学后我便在第一时间写完作业，再也没有拖欠过任何作业了。当我长大后成了一名教师的时候，遇到不按时交作业的孩子，我也像王老师当初对我们那样，甜甜地笑着，温柔地对待。王老师的宽容温厚、温柔慈祥永远留存在我的记忆深处。看来，一个人童年时代的印记，是多么深刻！从上学时起，我就深深地爱上了学校，爱上了上学，每天迫不及待地往学校里赶。

在学校度过的那几年时光，是我生命中最初最美的"桃花源"。那里没有小巷街道上的人来人往，没有邻居街坊的飞短流长，也没有城中闹市里的车马喧闹。那里有的只是碧蓝纯净的天空，天真烂漫的岁月，还有充满快乐、在操场上肆意奔跑、在教室里开心玩乐的我。

父母——我生命中的"原动力"

我的父母是普通的小学教师，在平凡的工作岗位上工作一直到退休。父亲曾德成，正直善良，多才多艺，能唱会写；母亲杨高连，教学扎实，勤劳朴素，热爱学生。在从教的人生路上，父母给予了我最初的启示。

儿时的我比较调皮，但热爱阅读。每年寒暑假，我便央求父母从学校图书馆借回一大袋一大袋的书，在冬日的严寒中，我喝着热茶，捧着书本，读得如痴如醉，有时到了吃饭时间还欲罢不能，我端着碗，一边吃饭一边看书，还"美其名曰"："这是物质食粮与精神食粮一并吃了！"父母也拿我没有办法，因为他们工作忙碌，没有时间管我。我经常看到父母在灯下学习、批改作业、备课，有时候父母还会刻钢板出试卷，然后到学校的文印室里刷上油墨，印出一张张试卷。有时候，还有不少哥哥姐姐因没有完成作业来到我家补习功课。父母工作极为认真，父亲的教案写得一丝不苟，母亲对学生要求严格、负责，决不允许任何一个孩子落下功课。这让我想起了我少时看过的电影——《一个都不能少》。因此，他们的教学成绩总能在整个片区名列前茅。父母对工作的认真与热爱也不知不觉地感染着我，在我工作的时候，我也不由自主地这样要求着自己，期待着每个学生都能茁壮成长。

我渐渐长大，慢慢地能看懂父母办公室里的《湖南教育》了。《湖南教育》创刊于1950年4月16日，其前身为1908年创办的《湖南教育官报》。1919年12月1日，青年毛泽东在更名为《湖南教育月刊》的第一卷第二号上发表了

《学生之工作》一文，为新文化运动和五四运动摇旗呐喊。在全国教育期刊中，《湖南教育》是毛泽东同志唯一且两度题写刊名的刊物。1950年8月，毛泽东同志为本刊题写了《湖南教师》刊名，1956年11月刊物复刊时他又题写了《湖南教育》刊名。从创刊到现在的60多年里，《湖南教育》不断发展壮大，由创刊时的教育教学月刊发展为半月刊、全国首家教育新闻旬刊、周刊，以地方性教育刊物影响了全国。特别是近30年来，《湖南教育》始终站在时代潮头，在与时俱进地推出重大典型、提升教育改革与发展的舆论引导力，宣传不朽师魂、弘扬教书育人的高尚品格，紧贴教学实际、引领教研教改的发展方向等方面，发挥了不可替代的作用，形成了独特的刊物风格。

当时的我哪里知道这本杂志有如上诸多的历史。在20世纪八九十年代时，报刊书籍不像今日这样丰富多彩，我逮来一本与书本不一样的"书"时，心中有一种窃喜。教学理念是我看不懂也不想看的，但里面一个个讴歌教师从教的故事让我读后心生感动，激情满怀。故事里的教师们对教育的赤诚让我牢记于心：有的教师身患疾病还依然坚持工作在教育第一线；有的教师因为忙于工作，无暇照顾自己的孩子；有的教师不辞辛劳，一直在边远山区支教，在山路的蜿蜒崎岖中谱写自己的教育故事。他们对教育的赤诚与热爱真的可以用"春蚕到死丝方尽，蜡炬成灰泪始干"来形容。时至今日，我才发现，自己对教育的赤诚与热爱之心，可能就是在那是悄悄播下了种子。

从父母身上，我学到最多的就是对学生的爱了。一个教师的成就可能要体现在学生毕业之后。父母均已退休，教过了一届又一届的学生。他们虽然只是普通的小学教师，但每年回来看望他们的学生不在少数。每每此时，父母都感到非常高兴和欣慰。

令我印象最深的有两件事。一件事是关于父亲的。父亲曾跟我说起他的一名学生，在父亲教她的时候，她特别喜欢上父亲的课，也特别尊敬父亲。毕业的时候，她对父亲说："二十年后，等我长大了，我买了小汽车，就载着您四处去玩耍！"父亲当时就当是小孩天真的一时之言。没想到这位学生长大之后，真的开着小汽车带着家人来看望父亲。父亲为此激动了好久，他向我们述说着他的欣慰与开心。一位教师，最欣慰开心的事莫过于看到自己的学生成为国家栋梁，过上幸福生活了吧。在我的教育生涯中，我期盼着自己的学生不仅仅活在幸福的当下，也期许着他们有一个幸福闪光的未来。这大概就是从父亲身上学到的吧。

另外一件事是关于母亲的。母亲对待学生非常严厉，她总是希望每个学生都能够取得优异的成绩。她的学生都有些"惧怕"她，但严厉的母亲也有极其温柔和慈爱的一面。我记得母亲有一位学生，他从小母亲就不在身边，生活凄苦，冬天里母亲给他找衣服穿，还三番五次地为他奔走，想办法给他减免学费。后来，这位学生成绩优异，到了新加坡工作。每次回国探亲，他都来探望母亲。母亲退休后，很多学生不时来看望她，全然忘记了她当年的严厉。有的学生还对母亲说："我们就是你的孩子！你有什么困难就跟我们讲，我们尽力来解决！"母亲对学生"严厉"的背后原来藏着更为浓厚的爱呀！现在，我也成了一名教师，看到母亲的学生对母亲的尊敬和爱戴时，我才终于理解了母亲严厉背后那浓浓的爱！我对学生的那份严厉，对每个学生不放弃的精神，可能也受母亲的一些影响吧。

父亲和母亲只是平凡的小学教师，做着普通教师们做的事情，没有建立什么丰功伟绩，但他们在自己平凡的岗位上，把这份育人的工作做得不平凡。他们对工作的认真，对工作的赤诚以及对学生那份浓浓的爱意，深深地影响着我。有人说，"把平凡的小事做好就是一种伟大"。是的，生命本就平凡，但在平凡之中，教师也在不断地创造着一种"伟大"——那就是别人因我们而幸福，帮助别人的生命闪闪发光；为祖国培养国之栋梁，为中国梦的伟大复兴奉献力量！

恩师——我生命中的"长明灯"

如果说人生是一条长长的河流，那么我的恩师们就是我人生河流里的碧浪清波。他们不仅教我如何学语文，而且直接影响着我如何教语文。

记得我上五年级的某一天，王永华老师突然把我叫到一旁，让我写一篇名叫《煤》的文章去投稿。我接下任务，既惊喜又惶恐："怎么写啊？"于是，我在家"闭门造车"，写了一篇，第二天交给王老师。原本以为王老师会表扬我，没想到下午放学的时候，王老师将我写的那篇文章退给了我，让我重新写。我打开作文本，看到王老师已经用红笔从头至尾将我的作文改了一遍，连用错的标点符号都没有放过。看着那整篇被红笔修改过的文章，我的脸也羞得红红的。于是我又重新写，先写煤的形成，写煤在地下要经过数万年才能形成，再写煤的作用，大到工业用煤，小至人们的日常生活，最后歌颂像煤一样默默奉献的人。自以为满意了才拿给王老师，可是王老师还是让我修改，来来回回，那篇《煤》被我改了五六回，王老师方才满意。最终我的《煤》也不知道在哪个地方发了"霉"，可是这并没有打击我的自信心，相反，我却因此爱上了写作，至今仍笔耕不辍，觉得写作是人生之中一件美好的事儿。

如今，我也指导学生写作，但我很少进行方法方面的指导，因为我知道兴趣才是最好的老师。我鼓励孩子们多投稿，什么征文啊，比赛啊，偶尔他们的"拙作"也会发表，但大多数稿件也都遇到了如我的《煤》一样的遭遇。可是我乐此不疲，孩子们也乐于写作。我觉得写作的目的并不重要，重要的是孩子们愿意写作，爱上写作，把写作当成人生重要的伙伴。

王永华老师让我爱上了写作，我非常感激。而上初中时，唐飞跃老师则让我爱上了文字，爱上了阅读。

有很长一段时间，我都对语文不感兴趣，每天语文课上就是概括主要内容、中心思想、段落大意，然后就是抄写这些内容，因此一上语文课我就打瞌睡。那些抄过的主要内容、中心思想、段落大意从未在我的记忆里扎过根，总是今天抄了明天就忘。后来，唐老师接我们班时，他让我们抄岳飞的《满江红》，给我们念艾芜的《南行记》。至今我还记得同学们当时的那种震撼，大家在教室里安安静静地抄着，津津有味地听着。那首《满江红》犹如一阵春风，吹走了我的"瞌睡虫"；《南行记》中的"野猫子"，还不时在我的记忆和想象中闪现。

初三那年，我有幸遇到了高级教师李少东老师。虽然他只教了我们一年，但那一年的时光是非常快乐的。我们在语文课上再也不用抄主要内容、中心思想了，每堂课我们都能听到李老师用标准的普通话声情并茂地朗读课文，那声音真好听！我印象最深的是李老师教《可爱的草塘》，读"棒打狍子瓢舀鱼，野鸡飞到饭锅里"时我们个个一脸羡慕、垂涎三尺的那个小样儿。每节课听李老师的朗读就是一种享受。听着听着，我们也跃跃欲试，很想读课文。李老师仿佛知道我们的心思似的，在课堂上让大家自由读，个别读，男女生比赛读，我们兴致勃勃，课堂上书声琅琅，每堂课都意犹未尽。

师范的学习生活，是我人生中最美丽的诗篇。在师范的学习生涯中，我系统地学习了与教育相关的很多课程，如语文、代数、物理、几何、政治、历史、音乐、美术、舞蹈、生物、教育学、心理学、口语课、计算机等一系列正规课程，扎扎实实地学习了"三笔一画一话"——即粉笔、钢笔、毛笔、简笔画、普通话。除此之外，我还在音乐课上学习弹琴、唱歌，在舞蹈课上学习舞蹈、礼仪等，在美术课上学习国画、美术字等。三年的师范学习，不仅让我具备了专业知识，还锻炼了自己的综合能力。然而，最有幸的还是得到了班主任向章宇老师和语文老师李胜兰老师对我的肯定与鼓励。

向章宇老师曾获得"邵阳市十佳优秀青年"荣誉称号，教我们的时候他非常年轻。但向老师很善于发现与鼓励学生。在他当年执教的班级里，涌现出一大批的优秀学生，这都得益于向老师的指导。我对向老师印象最深刻的是他上的第一节课——历史课，他给我们绘声绘色地讲"海伦"的故事。他说："海伦是古希腊神话中第三代众神之王宙斯跟勒达所生的女儿，在她的后父斯巴达国王廷达瑞俄斯的宫里长大。她是人间最漂亮的女人。在她出生时，神赋予她可以模仿任意一个女人声音的能力。长大后，她和特洛伊王子帕里斯私奔，引发了著名的特洛伊战争。"我们听得如痴如醉，不仅喜欢上向老师的课，也爱上了历史这门学科。更难能可贵的是，向老师让我担任班干部，辅导我参加学校的演讲比赛，培养了我的信心，锻炼了我的能力。毕业十几年后，待我和同学回校拜访恩师时，他像父亲一样和我们聊着家常，教育我们如何工作，嘱托我们如何教育自己的孩子。真是师恩难忘啊！

与李胜兰老师的相处缘于我的作文。刚刚读师范时，我心里落差非常大，因为优秀的同学实在太多了，在作文方面我感到自惭形秽。没想到教三四个班语文的李老师竟然发现了我的自卑心理，她在近两百个学生里竟然单独找到我，与我谈心，鼓励我进步。李老师为了鼓励我，让我担任班级的语文课代表，并且担任学校"快速作文班"的班长。从那以后，内向自卑的我开始开朗自信起来，写的文章也能发表了，渐渐地，我更加坚定地走上了热爱文学、热爱文字的道路。李老师不仅让我爱上了写作，而且带我走上了快速写作的道路。印象最深的是她的语文课堂充满激情，或感人肺腑，让人落泪，或气势豪迈，义薄云天。后来，李老师调入长沙周南中学，还时常与我通信，鼓励我进步。李老师的教导改变了我的求学心态，她如同暖阳一般温暖着我青春懵懂的时光，深深感动着我。

岁月悠悠，师恩浩浩！上面提到的那些恩师都是我生命中的"贵人"啊！王永华老师让我明白了写作兴趣的培养与作品的发表意识对学生至关重要；唐飞跃老师无形之中让我爱上了阅读和积累；李少东老师让我明白了朗读为语文教学的要义；向章宇老师让我明白了孔子所说的"亲其师而信其道"，也让我明白了教师上好第一堂课的重要性，以及"一日为师，终身为师"的崇高责任感与使命感；而李胜兰老师则让我明白了教书不单单是教课本，更是教心、教人，对学生心灵的关注重于对知识的传授，她也让我明白了教育的真谛正如德国著名教育家第斯多惠说的那样："教育的艺术不在于传授本领而在于激励、唤醒、鼓舞。"恩师们的言传身教在我心底的记忆是那么深刻，这种影响远远大于后来我所学的一切教学方法。所以说，学生时代所学的东西是多么重要！在此，我要感谢我的恩师们——让我热爱写作的王永华老师，让我喜爱阅读和积累的唐飞跃老师，让我喜欢上语文课的李少东老师，让我得到全面锻炼的向章宇老师，让我心灵得到成长的李胜兰老师。感谢他们教了我语文教学的真义——让学生热爱写作、阅读和积累、朗读，更感谢他们教会我如何做人，如何面对生命中的挫折，如何超越自我。是他们用宽大的胸怀、智慧的指引为我幸福的从教之路做了重要的铺垫。感谢恩师们，让我深深懂得了：那些对学生产生有益的深远影响的教育，才是最真诚的教育；对孩子人生真正有用的教学，才是最成功的教学！

学校——我生命中的"桃花源"，给予我灵魂的纯净；父母——我生命中的"原动力"，给予我对教育的赤诚；恩师——我生命中的"长明灯"，给予我对教育的思考。回望生命深处，回首生命来时，我获得了多少沉甸甸的"馈赠"啊！

"听君一席话，胜读十年书"

俗话说："听君一席话，胜读十年书。""听君一席话"，是点悟的代表。在某种特定的条件下，别人点化了你一句，使你茅塞顿开，悟出来一个"道"，使自己发生了翻天覆地的变化。"读十年书"，指自己通过发奋读书悟出了一个"道"，让自己发生了极大的变化。感谢生命中可贵的机缘巧合，在我最初的从教路上，得到了两位特级教师的指导，帮我打开了教育教学的大门，让我看到了一个广博的教育世界，这是一件多么幸运的事情！

你要多读些教育书籍和杂志啊！

没有当老师的时候，我自己就是一个"大孩子"，也不太喜欢跟随在大人后面的那些哭哭啼啼、打打闹闹的"小孩子"们，但不知道为什么，当我第一天站上讲台，看到那六十三双明亮清澈的大眼睛时，我就爱上了这群"小娃娃"们。

1999年9月，我刚刚工作的时候，常常会因为不太适应工作强度而加班至深夜。作业多得怎么也批改不完，教案也忙得总是写不完，还有很多的杂事，我感觉自己每天就是一个高速旋转的"陀螺"，但公开课照样要上。当时的街道小学语文教研员是一位老前辈，是一位特级教师，他慈眉善目，给每位新老师评课时，总是充满了诸多鼓励。他就是罗伟源老前辈。我们经常参加他组织的培训，有时是听课，有时是讲解如何进行一年级的拼音教学。时隔多年，我在各类的学习培训当中，再也没有听过像罗老前辈那样生动又形象的拼音教学课，真是"听君一席话，胜读十年书"啊！罗老前辈讲解的拼音教学法，我现在仍在使用，而且我确定这种方法永不过时，除非有一天学生们不再需要学习拼音了。罗老前辈对我的影响并非仅仅如此。

有一次，教研员又来学校指导教学，学校照例让我这位新老师过来上公开课。我记得，那一次我上的课是《海滨小城》，具体讲什么我已经记不太清楚了。只是到了最后的评课，罗老前辈满怀期待地对我说："你以后要多看些教育书籍和杂志啊！"从那时起，我教学生涯的大门如同被一把钥匙打开了似的。虽然我以前也看过有关教育方面的书籍，但"多看"的确没有做到。于是，我读了一本厚厚的教育书籍——于永正老师写的《教海漫记》。我开始从一个手忙脚乱的新手教师，入了真正的"教师之门"中。

再后来，我又读了许许多多的教育杂志，如《小学语文教师》《小学语文教学——园地》《小学语文教学——人物》。我在语文教学的天地里慢慢成长，我开始上大量的公开课，每学期至少一节，有时是好几节，再后来我又承担了几次街道公开课，执教了《颐和园》《自己的花是让别人看的》《长征》等课例，罗老前辈的话深深地鞭策着我："锦花啊，你要多读些教育书籍和杂志啊！"直至今天，我仍不敢忘记罗老前辈的教导，因为这句话让我深深地感受到作为一名教师的责任与幸福。同时，我也越来越深刻地意识到，作为一名语文教师，更要博览群书，笔耕不辍，反复实践，终身学习。这样的教育智慧与灵感才永远不会枯竭，教师的生命才会丰富灵动，学生的生命也才会因教师的成长而成长、快乐、丰富、灵动、智慧、幸福。

不管别人怎么说，你要坚持自己认为对的

岁月悠悠，一转眼到了2007年。尽管在此期间，我不断地成长，但成长的速度并不快。直至2007年，我执教了一节区级公开课——《听听，秋的声音》，遇到了恩师——深圳市教科院小学语文教研员、著名特级教师赵志祥老师。赵老师听了我的课之后，他的一句教导让我终身铭记。

2007年的秋天，正是桂花飘香的时节。宝安区教研员唐宝成老师到学校来听课，照例我被安排上公开课。我执教了《桂花雨》这一课，课后请同学们喝了桂花茶。十分幸运的是，唐老师竟推荐我上一节区级公开课！而且这次活动，全国著名的教师窦桂梅老师也参与了，我既感到幸运又感到惶恐。当时宝安区的范围比现在还大，这是一次大型的千人以上区级教研活动，而且分两个场同时开展，上午在一个场上公开课，下午到另一个场做讲座。这么大型而正式的活动让我心里发怵，因为当时我才25岁。好在唐老师早就有备而来，为了让我上好这节公开课，唐老师请来了深圳市教科院的赵志祥老师一起指导我上课，学校也非常重视，请了很多老师来帮我。

我战战兢兢地试教《听听，秋的声音》，上完课后，在学校的大会议室

里评课。很多老师给我评课、出主意，我听得云里雾里，听听这位老师的建议，感觉很好；听听那位老师的建议，感觉也很好。但面对自己的课，反而不知如何是好了。赵老师开始评课了，他没有太多的言语，只记得他特别直率，也特别真诚。临走时，他悄悄塞给我一张手写的纸条："不管别人怎么说，你要坚持自己认为对的。"看着这张小纸条上的话，我的心豁然开朗了。

自那以后，我明白了别人的理念再好，别人的设计再好，那也终究不是自己的。后来，我又上了大量的公开课，有时也会借鉴别人的一两个优秀的点子，但均以失败告终。我开始越来越深刻地意识到，想成为一个有个性的教师，有独特风格的教师，或者说要成为一个独特的教师，就必须保持自己的思想，发挥自己的优势，在学习别人的同时，更应该挖掘自己的潜质，塑造自己的思想，成为一个独特的个体，而不是他人的"复制品"和"模仿者"。

后来，我又一次见到赵老师，他依然没有对我多说什么，只说："这孩子变优雅了！"浓浓的话语像是父亲对孩子说的话。在他的听评课态度和平实而又睿智的讲座里，我读到了他的柔情与文雅，更感受到了他对孩子和教育那种发自肺腑的爱。再后来，赵老师要成立个人工作室，让有兴趣参加的老师给他写信。我也试着写了一封，本以为赵老师忙，不一定能回我的信。没想到几日后，他就回信了。大意是要我多看书、多藏书。后来不知赵老师的个人工作室有没有开，但是赵老师深深热爱学生和关心教师的心，我是真真切切地感受到了！

庄子说："人生天地之间，若白驹过隙，忽然而已。"一转眼，我的教学生涯已近二十年了，但罗伟源前辈的那句"你要多看些教育书籍和杂志啊"还时时回响在我的耳边，我从偶尔读书，变成了今日的酷爱读书，一天读一本薄书，三天读一本稍厚的书，一周读一本厚书，我将自己的教育生涯也慢慢地读厚实、读厚重了。我从不机械地模仿和借鉴他人的教学风格，也不轻易模仿别人的教学设计与理念。因为我也一直记着赵志祥老师说的那句话："不管别人怎么说，你要坚持自己认为对的。"每位教师的个性与气质都是独特的，他所遇到的每个班级也都是独特的，他所教育的学生也是独特的，因此，每位教师必须有自己的坚持与思考。因为，每个人脚下的路是需要自己走出来的，每位教师的路径自然也是不一样的。

我也从两位特级教师的身上学到了他们严谨治学的态度，以及他们发自内心关心、帮助青年教师的热忱，更重要的是我学会了敬畏教育、敬畏学生！真是"听君一席话，胜读十年书"啊！

"一日为师，终身为师"

❝一日为师，终身为师"。在语文教学的道路上，教我如何学语文的老师很多，但教我如何教语文的且影响最久、最为深远的便是这一位恩师了。大家经常称他为"大师"，这是"敬称"，也是"爱称"，还是"昵称"。

先生姓唐，名宝成，自称"唐老鸭"，湖南永州人。先生总是这么风趣、幽默、自我调侃。唐宝成老师是宝安区小学的语文教研员。我自从工作以来，在语文教学生涯中参加的培训学习大多是唐老师组织的。然而，真正结缘是缘于他听我的那节公开课——《桂花雨》。听完那节公开课后，唐老师便决定由我担任区级公开课的执教老师，这次公开课使我有幸认识了赵志祥老师，并与窦桂梅老师同台上课。感谢生命中恩师的教导与给予锻炼成长的宝贵机会，让我的教学生涯发生了质的改变。现摘录几则日记，记录唐宝成老师对我的影响与帮助，愿这浅浅的文字能表达我心中深深的敬意与感谢！

一

回到学校，我正好碰上了唐老师。原来，在我去他的办公室找他的时候，他正好来了我们学校。他正陪同全国著名特级教师洪政涛老师来我们学校参观，校长正在为他们讲解学校建筑。见我来了，大家打趣，唐老师连忙把我介绍给洪老前辈，说自己是我的"师傅"。大家打趣我道："这是'徒孙'来了！"虽然第一次见到前辈，但老前辈伸过手来，非常热情有力地与我握手。最值得铭记的事情，就是这一次，我正式称唐老师为"师傅"了！

二

我虽未行过"拜师礼"，但随着年岁的增长，我越发觉得这份情谊深重，师傅近在眼前，他对社会的责任感与对儿童的关爱之情一直影响着我。恩师先让我感受了"无欲则刚"，后又让我明白了教育一定需要"用心良苦"，他也用自己的行为与智慧告诉我："小学不小！"

三

今天，我们有幸邀请了唐宝成老师来学校指导语文教学工作。听唐老师的教导一次次茅塞顿开，而且通过时间的检验，唐老师说的观点很多都是真理。

一是关于知识的教学应当遵循从难到易的规律。对于这个观点，我以前是很难接受的，现在从女儿的成长中，我发现这个观点不仅是正确的，而且是智慧的。对于一张白纸的孩子来说，我们最开始呈现在他们面前的东西难易程度对于孩子的认知来说是一样的，孩子们的潜能是不容忽视的。因此，挑选经典对学习来说至关重要。

二是关于教材与教案。用教材教而非教教材，教师要努力开发有价值的语文课程。与其浪费时间来抄这些价值不大的东西，不如直接学习古今中外的经典。

三是关于"三纲八目"。三纲：明德、亲民、止于至善。八目：格物、致知、诚意、正心、修身、齐家、治国、平天下。一位好的教师应该如此去修为。

四是关于"艺术"的概念。艺术，是才艺和技术的统称，词义很广，后慢慢加入各种优质思想而演化成一种对美、思想、境界的术语。艺术是用形象来反映现实，但比现实有典型性的社会意识形态，包括文学、书法、绘画、雕塑、建筑、音乐、舞蹈、戏剧、电影、曲艺等。艺术是语言的重要补充，就像讲话中我们会用大声代表生气，用笑声代表开心，用手舞足蹈代表焦急或者其他的心情，并将其传递给对方。所以，每件艺术品都应该有它独特的诉求，这种诉求就是艺术的生命力。——这种解释直接激发了我"艺术语文"的思想，如果语文教学能与艺术结合起来，那是多美妙的体验啊！文字与文学，文字与书法，文字与绘画，文字与雕塑，文字与建筑，文字与音乐、舞蹈、戏剧、电影、曲艺相结合，语文必定如繁花盛开！

五是关于语文教学的时间、空间与世界。语文教学的时间——与历史结合，语文教学的空间——与地理结合，语文教学的世界——与自然、人类、生活等结合，由此，大语文观建立起来！

第一篇　伴爱成长——在坚实的大地上向下扎根

六是关于每天一千字。从窦桂梅老师的成长故事中，我了解到写作与读书是多么重要。每日一千字，成就了窦桂梅老师的优秀。我也下决心要写起来，一是为了自己的专业发展，二是为了与女儿共同进步。孔子说过一句话："其身正，不令而行；其身不正，虽令不从。"——以此勉之！

以上三则日记，仅是唐宝成老师教导我的几张"剪影"而已，恩师对我的诸多鼓励和教诲，让我内心充满感激。从唐老师身上，我看到了坚持与深邃。一名教师如果有梦想，就要努力坚持，同时要不断让自己的内涵变深，底气变足。当一个人变得重要时，他的所作所为才变得更有力量。"一日为师，终身为师"——借用司马迁赞美孔子的话语来表达我内心对于恩师的崇敬："高山仰止，景行行止。虽不能至，然心向往之。"

与李卫东老师结缘

没有想到我会与李卫东老师有多次结缘的机会，我相信遇见的神奇与美好。李老师亲切和蔼，治学严谨，倾囊相授，令我心生崇敬。

李卫东老师是天津市特级教师、全国优秀教师、天津市劳动模范、天津市中小学学科带头人、天津市"未来教育家奠基工程"推出的首批名师、天津市小语会理事、教育部国培计划授课专家、天津师大教育硕士生导师。他从事小学语文教学工作20年，师从著名特级教师靳家彦十余年，曾在全国小语阅读教学研讨会上作观摩课，荣获天津市双优课优胜奖。其课堂教学具有"扎实生动、朴实精巧"的风格。2002年创立"小学语文感悟式教学"理论，以"言语生活教育"的理念为核心探索语文教学改革，该成果获天津市基础教育教学成果评选一等奖、全国小语会一等奖。天津市教委于2002年和2010年两次召开大型研讨会，推广"感悟式教学"。《中国教育报》用整版篇幅介绍感悟式教学理论，《小学语文教学》杂志出版李卫东人物专刊。李卫东老师还出版了专著《小学语文感悟式教学》《李卫东经典课堂与创新设计》《李卫东讲语文》，音像专著《中国名师——李卫东小学语文感悟式教学法专辑》，应邀赴各地做课讲学一千余场。

第一次与李老师结缘是在一次教研活动上，那是我第一次见到李卫东老师。在与他离别时，我找他签名，他亲切地在我的笔记上写下："祝你幸运！"我本以为缘分会戛然而止，但没想到后来我在前一所学校教学处做行政，学校校长竟多次邀请他来校讲学。他的学识，他的"课堂"，他的为人，令人钦佩。再后来，在一次教研活动中，他来我校上公开课——《自己的花是给别人看的》，精彩的课堂，朴实的讲座，令在场的每位老师都心生佩服。那天语文活动结束之后，我与几位学校领导陪同李老师吃了极简单的晚餐，李老师是那样的朴实、真诚，那是我第二次近距离接触李老师。

第三次麻烦李老师是我参加深圳市的语文教学技能大赛。原本我备了40分钟的课，却突然接到通知，只上一节20分钟的课，我顿时一筹莫展起来：这节课究竟该如何体现呢?

情急之中,我想到了李卫东老师。虽然我与李老师相识,但距离上次见面已是两三年之后了。于是,我抱着试一试的想法给李老师发了短信,因为我知道李老师肯定是忙碌的,本来只是想他能回复一二就好,没想到远在天津的李老师竟然亲自打来电话对我指导了十几分钟。在他帮我厘清概念、解剖教案后,让我顿觉拨云见日。

经过李老师的指点,我那节课取得了不错的成绩。但更重要的是,我更加敬畏语文教学了。中国的汉字是神奇而智慧的,更是神圣而优美的,经常使用汉字的人们可能很少去感受或想象它背后蕴含的深厚的中国文化。但作为语文教育工作者,一定要对祖国母语教育充满虔诚与敬畏。

从李老师身上,我感受到了大师的平和、热心以及侠义心肠。一位真正的大师,首先应该是师德上的大师,他具有大智慧,他总是非常乐意与人分享。一位真正的大师,他既有宏观的视野与大气的胸怀,也有乘风破浪、所向披靡的勇气与智慧!

心中永远的明灯

"大爱无言，大教无痕"——记于永正老师

在我读过的所有教育书籍中，著名特级教师于永正老师的书对我影响最大。于永正老师对中国语文老师们的影响极大。特级教师张祖庆说："师傅对我最大的影响就是他身上的求真精神，是他对文本的解读、对教学的设计，他始终把儿童放在中心。师傅提出的'口语交际作文'对我的语文教学影响很大。于永正老师的身上，最可贵的品质就是永不满足、反思自我的精神以及他逼近学科本质的姿态和精神，值得年轻一代的教师学习。"特级教师窦桂梅在听闻于老师去世的消息时，悲痛万分，她感慨道："这些年来，于永正老师影响了我，影响了我们这一代以及一代代小学语文教师！先生之风山高水长，我们唯有继续立足课堂，不忘初心，才是最好的纪念。"特级教师王崧舟说："于老师患病期间，他曾经对我说，对待癌症，他的态度是'不怕死，争取活，好好活'。他面对生死大限考验时所表现出来的淡定和豁达，给了我极大的震撼！于永正先生直面死亡的乐观和超越，是他留给我们的最好的精神财富！崇敬他，学习他，成为更好的自己，是对先生永恒的缅怀。"

于永正老师1941年出生于山东莱阳，中共党员。1962年他从徐州师范学校毕业后，就一直从事小学教育教学工作，曾任鼓楼区的教研室主任。1985年，他被评为江苏省特级教师，同年被徐州市人民政府授予劳动模范称号；1990年中国教育电视台拍了三集报道于永正的"言语交际表达训练"作文教改实验的电视片，并向全国播出；1991年初，《人民教育》发表了报告文学《徐州有个于永正》；全国小语会会刊《小学语文教学》和《江苏教育》《小学教学》等刊物先后报道了于永正的教改事迹。1992年12月14日至16日，国家教育部在南京专门召开了"于永正语文教学研讨会"，推广于老师的"五重"教学法。这是新中国成立以来教育部为个人召开的第一个教学研讨会；1995年8月，于老师被评为"国家有突出贡献的专家"，享受国务院颁发的政府特殊津贴；

2001年，于老师被评为"江苏省教育模范"。

我读过很多专家的书，听过很多名家大师的课，也见过不少的特级教师，但是像于老师这样平易近人、和蔼可亲的人并不太多。自从偶然读到了于老师写的《教海漫记》后，只是懵懵懂懂做教师的我便开始了思想的蜕变。书中的故事顿时为我的教学生涯打开了一扇门。我参加过很多次全国性的语文教研活动，见到过很多的作家、语文名家，但最钦佩的还是于老师。

后来，在一次全国教研活动中，我遇见于永正老师，年近70岁的他在签名售书时，送给我八个大字"大爱无言，大教无痕"，这八个字勉励着我在教学路上慎之又慎，让我至今深深牢记。于老师虽然没有正面指点过我，但我的教学反思之路是从读他的书开始的。我成长路上获得的点点滴滴，与先生的影响是分不开的。最有意思的是，于老师也是一个文学爱好者，他想当作家，却在有意无意之间成了一名优秀的特级教师。人生的境遇大多都是如此吧！

于老师的书如同人一样朴素，但却非常真实。读他的书，我受益颇多。后来我又读到了他写的《做一个学生喜欢的老师》，文字朴素如同白开水，但却非常实用。在书中，他总结了自己的优点和好的经验，同时直面了自己的错误以及教学上的失败，其真诚令人钦佩。一个优秀的教师不仅会改变学生的人生，也是在不断地美化自己的人生。一个优秀的教师，不单单是知识的传递者，不单单是灵魂的塑造者，也理应是生活之美的创造者，而这种美也许是平淡无奇、悄无声息的，但却是极其真实有用的。

在于老师去世前，我又读到《于永正：我怎样教语文》，刚读了四页，便被于老师对待学生的那份真诚和真爱感动至泪湿眼眶。后来又在"小学语文教师"的微信公众号上读到于老师写的自己和病魔抗争的故事，不禁黯然伤神，于老师的故事朴实却真诚，就算是身患重病却依然乐观豁达。打开于老师的书，我再一次理解了他的徒弟赵志祥老师（深圳市小学语文教研员）近年来所提倡的种种小学语文教学理念，我终于找到了赵老师语文教学理念的源头——于老师的语文教学观。读着于老师的书，字字珠玑，感人肺腑。例如，语文教学教的不是课文而是语文！用教材教识字、教写字、教读书、教表达，激发兴趣，培养习惯，烦琐的分析和讲解没有必要，要把3 500（识字量）和2 500（会写）保住，把读和写抓住，一句话：要把语文的根本留住。又如，要善待学生，不断地激励是激发兴趣的伟大法宝，不断让学生获得成功、体验成功的喜悦（哪怕是一点一滴的），是稳定并使兴趣持久的基石。再如，要把时间和空间留给学生。语文教学的确要"少做题，多读书"。

审视如今的教育与教学，又有多少教育是真正为学生服务的！我决定对照这样的标准，常常扪心自问："我做到了吗？"因此，我决定深潜至书中，继续去探索教育的智慧，继续去感受教育大师的人性光辉。

一股清流——走进李镇西的教育世界

2013年12月24日下午，因为一次偶然的机缘，我聆听了著名的特级教师李镇西老师的讲座。他的讲座如同一朵朵落花，在心的湖泊里荡起诗意的涟漪。教育真美，而能够真正欣赏教育之美的人并不多；教育真乐，而能够真正享受教育之乐的人也并不多。

一个人的高度源于他的思想。一个具有美好思想的灵魂必定能绽放人生最美的花朵。美丽的容颜易逝，而美好的思想伴随着年龄而逐渐增厚、加深，越来越璀璨。——这就是李镇西老师带给我的启示。

现整理他的讲座笔记，与大家分享。李老师的思想散发着其独特的魅力，确实令人敬佩。笔记如下：

1. 三个认真：认认真真上好每一堂课，认认真真爱每一个学生，认认真真帮助好每一个教师。

2. 教育朴素最美，要关注人性。

3. 教育家是自己生长出来的。

4. 享受童心做真教育。

5. 教育要体现自由、平等、民主、尊重。

6. 教师的成长要——我的成长我做主。

7. 教师的成长要做到"四个不停"：不停地实践、不停地思考、不停地阅读、不停地写作。

8. 教育是对孩子的一种依恋。

9. 教育要有浓浓的人情味。

10. 朴素的是永恒的，朴素的才能永恒。

11. 让人们因为我的存在而感到幸福，教育就是爱的传递。

12. 教育是一种理解；教育是一种依恋；教育是一种尊重；教育是一种浪漫；教育是一种宗教；教育是一种享受。

13. 是否尊重学生，要看学生的感受。

14. 教师要有儿童般的兴趣。

15. 幸福比优秀更重要。

16. 既要给人以爱，又要给人以尊重。

17. 纯净朴素，不染尘埃。

自从听了李镇西老师的那次讲座后，我就开始关注他，并阅读了他写的一些书。如《爱心与教育——素质教育探索手记》《从批判走向建设——语文教育手记》《花开的声音》《教有所思》《做最好的家长》《做最好的老师》《教育为谁》等，其中我最喜欢的是《教育为谁》。

《教育为谁》这本书如同教育大河中的一股清流，读后让人心灵澄澈。在这本书中，他引用了黎巴嫩诗人纪伯伦的话——"我们已经走得太远，以至于我们忘记了为什么而出发"，来引导大家对教育目的进行思考。他主张教育要回到朴素的起点，遵循教育常识，面对我们眼前的一个又一个孩子，坚守良知。他在这本书中提出了很多与众不同且很多人不敢明说的观点，让人耳目一新，启发人们要对当下教育界的一些表层现象作深入思考。

李镇西老师被誉为"中国的苏霍姆林斯基式的教师"。在《教育为谁》这本书中，李老师也引用了很多苏霍姆林斯基的话语来表达观点，让我更加深刻地理解和敬佩苏霍姆林斯基的教育观点和行为，深深地震撼着我的心灵。

例如：

1. 苏霍姆林斯基说："共产主义教育的英明和真正的人道精神就在于，要在每一个人的身上发现他那独一无二的创造性劳动的源泉，帮助每一个人打开眼界看到自己，使他看见、理解和感觉到自己身上的人类自豪感的火花，从而成为一个精神上坚强的人，成为维护自己尊严的不可战胜的战士……人的充分表现，这既是社会的幸福，也是个人的幸福。"

2. 苏霍姆林斯基的著作中，谈到"差生"时，用的是"难教儿童"，他的重点放在"教师难教"上，但为什么"教师难教"呢？不就是因为这类学生"差"吗？虽然"难教"，但苏霍姆林斯基却没有放弃，而是花了大量心血几十年如一日地和这些孩子打交道，在爱他们的同时研究他们。苏霍姆林斯基的研究，不是冷静地分析，而是充满感情地投入，是全身心地实践——与学生一起摸爬滚打，和学生心心相印。他身为校长，几十年来不断地研究儿童，他先后曾为3 700名左右的学生做了观察记录，他能指名道姓地说出25年中178名

"最难教育的"学生的曲折成长过程。有了这样惊人的投入，苏霍姆林斯基转化"难教儿童"卓有成效。我看，在这一点上，我们的确要向苏霍姆林斯基学习。

3. 苏霍姆林斯基在《和青年校长的谈话》中说得非常精辟："某一教育真理，用在这种情况下是正确的，而用在另一种情况下就可能不起作用，用在第三种情况下甚至会是荒谬的。"这话值得今天中国的每一位教育者深思。

走进李镇西老师的教师世界，听到了许多不同的教育声音。在这种声音里，我感受到真实朴素的教育力量，同时也感受到自己身上所承担的责任。因此让我们从现在起，播种一颗真诚朴素的教育幸福种子吧！

走近特级教师余映潮

有时，不得不惊叹大自然的伟大。那不知名的藤，也不知道从什么时候起，开始偷偷侵占了那一面墙壁。软弱的枝枝蔓蔓，就在这不知不觉中，迸发了巨大的力量。那一墙的橙色，如同太阳的光环一般，鲜艳了人们的眼睛。

——《那一面花墙》

一、一树春天

总有东西会轻轻地打动着你的心。

阳春三月，世界变得万紫千红。大朵的、小朵的，张扬的、清幽的，冷艳的、朴素的，各种各样的花鲜艳明媚起来，美丽直逼你的眼睛。花香浓郁，整个深圳都沉浸在一片花海之中。公路两旁的低处，是粉红艳丽的杜鹃花，象征着顽强与坚韧，这种花不仅在春天里开，也在夏天里开，还会在冬天里开，总之它的花期相对是最长久的；抬头再向上一点儿看，你会看到一排排并不鲜艳的芒果树花，它的花虽不显眼，但花之繁密绝对令人驻足，再瞧仔细一些，你会发现上面有许许多多忙碌的蜜蜂在忙着采蜜；抬头再仰视，或驱车路过立交桥时，你会发现殷红殷红的木棉花，那从文字中走进人们眼里的花朵绝对特别，如舒婷笔下所写的那样，像沉重的叹息，像英勇的火炬，同时也像是红色的酒杯，它也许正是春天的斟酒杯吧，那美丽便是浓酒，让人们一喝就沉醉。然而，比起这些美丽的花朵来，我更喜欢春天的树。

我最喜欢那一棵棵树里蓬勃的绿意。那些嫩芽是藏在树枝间的宝贝儿。

它们轻轻地探出头来，悄悄地打量着这个世界，然后一天一天地猛长，有嫩黄色的，让人想起婴儿的脸，也有釉绿色的，仿佛抹过油似的，还有嫩红色的，它们迎着春风尽情生长。它们的生命力何等旺盛而坚强！当各种花儿开放的时候，它们也许还躲在枝丫间；当各种花儿芬芳的时候，它们也许只是冒一点儿嫩芽；当花儿被采摘的时候，它们也许被悄悄地忽略在角落；当花儿凋零的时候，它们正一日一日地蓬勃起来，为大树汲取营养，蕴蓄来年开花的力量。它们也会凋落，但至少它们看过了四季风景；它们也会成泥，但至少它们不会有过多的惋惜。因为它们只是一片片叶子。而树木，却因此而生命常绿，一年比一年苗壮。

一树春天，春天一树。从一棵树和一片叶子里，我读懂了生命的朴素与壮美。读特级教师余映潮老师的书，就如同看见了一树春天，看到了春天里那蓬勃生长的树。

二、一座开满花的山

春天的深圳是一个花的世界。花的种类很多，赏花之地也很多，这足以让人们心情愉悦。然而，周末里驱车路过一座花的山，才真正令人震撼。

独木难成林，单花不成海。有了数量，才会有心灵的震撼。看语文特级教师余映潮老师的文章，还真如看到了这座花山一般令人惊叹。下面我摘录了他2007—2017年的畅想与大家分享。

1. 精细研读100篇课文并积累大量的助读资料。

2. 研读与中学语文教师业务进修有关的论著100本。

3. 阅读1 000本中学语文杂志并积累有关专题的索引目录。

4. 发表教学论文100篇以上。

5. 出版个人专著两到三本。

6. 演示的课例达80个以上。

7. 做100场学术报告。

8. 朗读录音100篇课文。

9. 网上教学设计艺术微型讲座100个。

10. 网上评课100个。

我不是教研员，也不是特级教师，现在也终于明白了自己与他们的差别何在！幸好，我无意中推开了余老师的这扇"门"，看到了语文世界里的"开满花的山"！我不禁想到了求学时期的林清玄，那个曾逼着自己写作的少年，从小学每天写作500字，到中学每天写作1 000字，到高中每天写作2 000字，在那些电脑还没有像今日这么便捷的岁月，他是怎样写作的呢？他又用的是怎样的勤奋、专注以及意志力才能坚持高效率地写作的呢？

有数量才有质量，有数量才有震撼！一座开满花的山，时时提醒着我，别以为开了一朵或几朵花，便会灿烂夺目。只有花成海，才可香浓郁！生命只有不断努力、不断成长、不断绽放，才可茁壮蓬勃，香飘四野，芬芳永驻！

三、雕刻心灵

一日，又读到余映潮老师的文章，读余老师的文章总是被震撼，他总是以惊人的数据、崇高的责任让我震惊。下面是我从书中摘录出来最有感触的语句。

"把小小的事情做得宏大起来，把平凡的事情做得闪亮起来，把平淡的事情做得辉煌起来，把单纯的事情做出立体的形态，让繁杂的事务性工作透露出智慧的火花。"

"不同深度的磨炼产生不同高度的水平。给自己多储备一些知识，让自己多增长一些学问，逼自己多培养一些能力。"

和语文教师素质有关的8个方面的第一：

第一奋斗目标是"课堂教学技艺精湛"；

第一基本功是"能够读出教材的味道"；

第一阅读能力是"文学作品的欣赏能力"；

第一科研能力是"提炼能力"；

第一课外阅读是"中学语文专业杂志"；

第一要克服的难关是"千字论文写作关"；

第一要历练的是"小专题研究"；

第一有益于自己终身发展的好习惯是"积累"。

"坚持着，坚持着，坚持；学习、工作、创造，这就是智慧。"

余老师的文章里还有很多令我震撼的地方，在此不一一详述了。从特级教师余映潮老师的身上，我看到了一树春天，一座开满花的山，看到了时光与勤奋雕刻心灵和头脑的过程。从此刻起，我要像余老师那样雕刻心灵，热爱工作，寻觅属于我的一树春天与一座开满花的山。

那些作家，那些事儿

每个人都是作家，人生便是他最好的作品。

那些作品的背后——听赵丽宏讲座有感

我一直非常喜欢读作家赵丽宏先生的作品。人生的很多时候大概都如《增广贤文》的这句话那样——"有心栽花花不开，无心插柳柳成荫"。赵丽宏先生的人生，亦是如此。2012年5月，在东莞体育馆，我见到了年近六旬却依然年轻的赵丽宏先生。

从他的讲座里，我知道了他的出身，也改变了自己先入为主的观念。我一直非常无知地以为赵先生是位女士，而今赫然在眼前，他是一位非常具有文人气息的先生。初识赵先生，是在一篇名叫《山雨》的课文里，他的文笔清新，把雨声比作美妙无比的钢琴声，其实他的作品又何尝不是一首钢琴曲呢？再读《顶碗少年》，是朴素得再也不能朴素的文字。在那朴素的文字间，领悟平凡人们不平凡的情怀。而今，听他的讲座，我才慢慢勾勒出赵先生的样子。

看赵先生的作品，听赵先生的讲座，我心生感慨。人生都在偶然间，有时偶然的人生境遇却造就我们人生的传奇。我们顺其自然，但同时不能没有梦想，心中有梦的人才能懂得飞翔。在不太好的境遇里，只要人们善于抓住机遇，敢于磨炼自己，那么所有的挫折和痛苦必将成为人生里最宝贵的财富。我也慢慢明白了书为人生的忠实伴侣，许多成功人的共同特点就是热爱读书——赵丽宏先生亦是如此。

忽而忆起孩童时代读作家们的书，读时我羡慕不已，因为当时作家们就可以打字了。如今当我在键盘上敲击这些文字的时候，不禁感叹时光的匆匆，那一幕幕往事清晰得如同在昨日。然而时间又是多么美好啊！当我坐在台下，近距离看到作家时，才发觉人生有些梦想其实离我们很近很近，只要我们敢于行动，坚持到底，必能找到"阿拉丁神灯"。

在这个美丽的夏夜，寻梦吧！撑一支长篙，向青草更青处漫溯；满载一船星辉，在星辉斑斓里放歌……只愿，读着，写着，日子如流水般欢畅。

那些童年的梦想——听林清玄讲座有感

2014年12月，在依然温暖的珠海亲眼见到了作家——林清玄先生。

初识作家，是在六年级一篇名叫《桃花心木》的课文里。教学久了，语文书便变得厚重起来。我不单单关注文本本身，也开始领着孩子们关注文字后面作者的故事。当时通过资料的搜集，了解到林清玄是一位有名的高产作家。我喜欢读他写的文字，而且被他那种清新朴实而又意义深刻的文字所深深吸引。

我没有想过会亲眼见到作家，但却实在地遇见了作家，在体育馆里聆听着他与大家分享他的人生故事。

他先是讲述了《桃花心木》的由来，解释了写这篇文章的原因。桃花心木是一种高贵的树，颇受英国与法国皇室的喜爱。林清玄对于桃花心木的喜爱，缘于他的童年时代。儿时林清玄的家庭是比较贫困的，父亲每天安排他们姐弟几个早上必定起来扫桃花心木掉落的叶子。从此，他对桃花心木便有了一种深厚的感情，这种感情变成文字，历经岁月，散发幽香，于是桃花心木在他的作品里便鲜活起来。桃花心木正如同他在作品中描述的那样：坚强而独立，它的种子成熟后会随风飘散，最远可达几十公里，它们落到哪里便在哪里生长。

而后他又讲了自己为什么会成为一个作家。这也与他的老师有关。最令人感动的是，他从小立志当作家，从童年时代一直坚持写作，从不间断。小学时，他每天写500字，初中时，他每天写1 000字，高中时，他每天写2 000字，大学时，他每天写3 000字。听罢介绍，台下掌声一片。存于世间的我们，从来就不缺少梦想，平凡流于俗众者要么是甘于世俗，冷落了自己的梦想；要么忙于世事，最终改变或放弃自己的梦想。古往今来，能一直坚守自己的梦想并不断为之付出的人又有几个？

那些童年的梦，那支从未间断的笔，陪伴着我们度过人生里一个又一个岁月。在清淡中始终保持一颗平静的心，日子清淡，目光清澈，思路清晰，前方必定是清亮的世界。——这样真好！

那份写作的幸福——听作家钟嘉讲座有感

2015年10月，有幸与学生们一起聆听了作家钟嘉老师的题为《自然观察与写作》的讲座，她亲切又和蔼，如同讲故事一般娓娓道来，孩子们被其精彩的内容深深吸引了。

在与学生们一起听讲座的过程中，我也做了如下笔记，题为《一个作家的基本素养》。从钟老师的讲座中，我深深地感受到了全身心投入写作的幸福。如何进行写作呢？我结合钟嘉作家的讲座，做了以下几点思考。

一是要善于读书。我们不仅要善于学习前人的智慧结晶，还要善于阅读大自然这本厚厚的书。我非常赞同钟老师的观点，博览古今中外的经典好书，为我们的写作打下深厚的基础。而博览大自然，会为我们的写作提供源源不断的灵感。

二是要会观察。要想有独特的写作视角，就必须有独特的观察视角。不管是听作家凌岚的讲座也好，还是听林清玄讲自己的成长故事也好，从中得出的共性就是作家要有一双特别锐利的眼睛。

三是要善说话。作家不仅要会写，还要会说。"吾手写吾口，吾手写吾心"——把日常生活中说的写下来，没准就是好故事；把自己心中的情感写下来，也许就是打动别人心灵的好文章。

四是要有故事。作家不仅要会讲别人的故事，也要自己创造特别吸引人的故事。一个肚子里装着故事的人，走到哪里都会吸引孩子们的心。而一个有故事的人，走到哪里都会富有特别的魅力。

五是要有实物。钟老师在课件里展示了很多珍贵的图片：有的是非常有趣的珍稀鸟类，有的是需要步行一万多步才能欣赏到的小花，这些独特的实物照片，让孩子们惊奇不已。用实物来说话，很多东西不言而喻。

六是要敢实践。作家要敢于用自己的腿去丈量土地，去感受世界的广大；要善于用自己的眼睛，去发现自然的美好。

七是要做记录。再美的风景，如果只是掠过，那也空无回忆。如果记录起来，美丽会定格，快乐会延续，何乐而不为呢？坚持记录成习惯，一定会有收获。

八是要讲方法。作文无定法，但一定要有方法。钟老师要求孩子们要上好语文课，这也无异于告诉语文老师要教好语文课。著名特级教师于永正老师说："得法于课内，得益于课外。"

九是要有思想。写什么内容不重要，但不论写什么，都要体现思想。这一点令人颇有启发。

另外，还有一些有意思的话，分享如下。

1. 自然观察的要素：耐心、忘我、思考、记录。

2. 别小看大自然的四季，四季是一首悲壮的歌。

3. 许多高手把自己藏得非常好。

4. 孩子们，你们去外面玩的时候，不要只看着爸爸妈妈手机的镜头，要多一点时间去观察自然万物。

5. 山上有美丽的风景，一定要爬上去。

6. 写作的三个要素：一是读书，二是兴趣，三是观察。

我听完钟老师的讲座，有一种"胜读十年书"的感觉。特记录之，共享之，共勉之。

那些作家，那些作品，那些讲座，都是我人生里遇见的美丽故事。

做最想做的事

读泰勒博士的《幸福的方法》，我悟到：一个人若要幸福，要尽量做最想做的事，尽量避免或减少做其他的事。此时此刻，我最想做的事便是读书、写作、练字，教好孩子，与艺术、自然相伴。

我第一件想做的事就是读书。最近我成了一个书迷，身处其中时，是我最快乐的事。书籍，会打开一个广阔的世界。如果说生活是一朵花，那么书籍就是花朵上最芬芳的那几瓣。沉醉书中，从东西方的不同文化中感受相同之处，寻找人类共同的智慧。更有意思的是，我最近买书成瘾，从教师专业书籍，到文学书籍，乃至其他乱七八糟一大通的书籍，在读的过程中，竟也读出许多相同的味来。比方说，在涉猎的书中，有很多都同时指向了一个人——梁启超。以前我对梁先生的认识仅限于历史、语文课本，现在却对梁先生多了一些认识。梁先生是一个文人，难怪他能写出那么慷慨激昂的文字——《少年中国说》；更有趣的是，梁先生是一个开明的家长，他主张趣味教育，这一点令我觉得新奇有趣。梁启超的家庭生活，可谓是幸福美满，他的众多子女中，除了我们熟识的梁思成，其余的几个子女也颇有建树。身为家长、身为师长的我，还真该好好研究一下趣味教育。怎样才能让我们的教育更有趣味？怎样才能让我们的生活更有趣味？另外，许多本书、许多人都提到了另一个人及他的作品，这个人就是莎翁——莎士比亚。先后获得过美国"国家艺术奖章""全美最佳教师奖"，被誉为美国最有趣、最有影响力的教师——雷夫，在56号教室创造了教育的奇迹，他很有趣的一种做法，就是让他的学生演莎士比亚的戏剧。我想，做雷夫的学生必然是快乐。但与此同时，我们也要感谢全世界最卓越的文学家之一——莎士比亚，感谢他创造出那么多经典的剧本。因此，我下定决心要深入研读莎士比亚的书。

我第二件想做的事就是练字、写作。练字让人屏息凝神，总是想象着铺一素纸，执笔、磨砚，或静静书写，或潇洒挥毫，几分清净，几分飘逸，感觉多好！在黑板上，我领着孩子们练字，抄写小古文，笔尖留着文字的智慧与芬芳，心也变得沉静而美好。而写作，是我从小最喜欢的事。虽是信笔涂鸦居多，精心炮制居少，但是能留一些发自内心的真实文字，何尝不是幸福的见证呢？不管怎样的文字，也不需要有多少读者，我只要这样静静地写着，静静地思索着，悠然地审视人生，就是人生一大乐事。从间间断断的文字里，书写着我个人的历史，书写着这些平凡而珍贵的片段，生命已然足矣。很多时候，天性里的温婉总是让我在面对一些事情时，态度是半推半就的，但这样总归是不明智的。因此，人生的很多时候，说"不"的时候要坚决果敢，不要给他人造成误解。看看，写着写着，我人生的哲学就慢慢形成了。对于别人来讲，这些是微不足道的小事，但对于我个人来讲，它是那么珍贵！

我第三件想做的事是教好孩子。首先，我想和家人、朋友们在一起，他们是我生命中至关重要的一部分。当我成功时，他们会为我高兴；当我失败时，他们会鼓励我；在我生病时，是他们发自内心来疼惜我。是家人和朋友，让我的人生如此幸福。其次，我最想陪伴和教育好的是我的儿女。儿女是我生命中的宝藏，我想用更多的时间去好好陪伴他们，教他们人生的智慧，分享生活的喜悦，让他们感受纯真的爱。最后，我想教好走进我生命的孩子们。感谢他们，是他们让我的世界变得如此纯真美好，在他们纯真的笑靥里，在他们稚嫩的字里行间，在他们偶尔放纵的小错误里，我感觉到自己的生命对别人的生命是那么重要。回想自己的成长经历，几位恩师彻底改变了我的人生，我的幸福人生里正是有了他们，才会如此灿烂美好。我欣赏雷夫这样的教师，用一年的时间就可以改变一个班级、一个人，甚至是一个人的一生。做教师，就应当做这样的教师。在平凡的岗位上，尽自己所能，尽量给孩子们多一点，开启智慧之光，把教育的眼光放长远一点，更长远一点。

请让我与读书、写字、写作、孩子相伴，锤炼教育的艺术，感受教育的美好。聆听鸟语，感受花香，在平淡中发现生命的精彩模样。

教育·筑梦

2016年5月，我认识了与我年龄相仿的吴晗清教授。出生于1981年的吴晗清教授，是教育学博士、心理学博士后。师从我国当代著名教育家、中国教学论专业委员会终身名誉理事长、北京师范大学教授裴娣娜女士。我曾听了三次吴教授的讲座，并多次向他请教，在他身上学到了不少的智慧，也有颇深的感触。

一是对"课程"的思索。来自首都师范大学的吴教授反复地强调："如今三流的学校在抓质量，二流的学校在研究教学模式，一流的学校在研究课程体系。"是的，我了解到近些年来，很多成功的学校、成功卓越的教师，无一不与课程扯上关系。有名的清华附小，教研成果惊人，教学思想一流；有名的北京十一中学，各类课程丰富多彩，连德育工作都做得有声有色。教育教学的目标、内容与方法，决定了一所学校的走向，不管是作为一名孩子的母亲还是一名普通的教师，我都希望通过今后的工作，能够让学校的语文教学工作上升到更高一级的台阶。

我记得，吴教授带领着由硕士生、博士生组成的研究团队，将我校行政教师的一线工作经验和研究成果，经过三天两晚的研究汇总，终于架构了海韵学校的"博韵"课程。对于这庞大的课程体系，无论从家长与教师的角度、功利与非功利的角度、管理与被管理的角度，新课程的实施都是一件刻不容缓的事情。学校的得与失、成与败，都与此举有着莫大的关系。

二是对"梦想"的认识。"教师是人类灵魂的工程师。"一个真正有理想、有梦想的教育"工程师"，才能真正具备雕刻他人灵魂的能力和权力。我听完吴晗清教授讲座后的最大感受是：做一名教育工作者，特别是要想成为大教育家的教师，就必须从以下三方面努力：一是要修德，二是要行动，三是要自信。

孔子曰："为政以德，譬如北辰，居其所而众星共之。"因此，作为一名教师，先要修炼自己的德行。教师的工作非常特殊，教师们面对的是求知若渴的眼神，而学生面对的是心目中神话一般的教师。因此，一位教师要努力提高个人的道德底线，做一个品德高尚的人。《论语·子路》中写道："其身正，不令而行；其身不正，虽令不从。"我们在培养学生成为哪一种人时，自己首先要成为那一种人。因此，"修德"是教师的首要条件。

三是行动是最强有力的语言。一个教师是否优秀，不仅要看他的语言能力是否强，更要注意观察他的行为，因为行动是最强有力的语言。我听完吴教授的讲座，除了被他的观点吸引之外，更重要的是被他谦虚好学的精神深深感染。首先，教师要用自己的实际行动进行学习，保持终身学习的习惯。一个知识结构在不断更新的教师，才是一眼活泉。其次，教师要用自己的实际行动来关爱引导学生。一位教师，在学生心目中的重量是不可估量的，切不可忽视。一脸平和的微笑，一声关切的问候，一节精彩的课堂，一次有趣的实践，都可以长久温暖学生们的学习生活，给他们的生活带来快乐感、成功感和幸福感。

听完吴教授的讲座，相信很多同事都深有感触，也深深被折服。但是，每个人的人生路径不同，因此每个人实现梦想的途径肯定也不一样。我们经常听到这样或那样的讲座，其中有很多东西令人受益匪浅，但不可全盘接受性地盲从。每个人更应该根据自身情况规划自己的成长轨迹。因此，教师要善于挖掘自己的潜能，自己栽培自己，自己成就自己，平时要多涉猎古今中外的名著，汲取各种营养和养分，从各个角度去发现自己的优势和短板，将优势放大，将短板尽量缩小。同时，教师在平时的教学工作中要不断实践，不断总结，不断提高，自己相信自己能成为一位真正意义上的教育家。

最后，祝愿各位教育工作者用高尚的品德、积极的行动、足够的信心，筑教育家之梦，圆教育家之梦！但更重要的是——每位教育者在走向教育家的路上都能成就学生之梦想，成就民族之希望！同时，也衷心希望每个怀揣着"梦想"的人，美梦成真！

爱上一本书，爱上一座城

来深圳已近二十年了，我深深地感受到这座城市的阅读氛围日益浓厚起来。深圳人很忙，这座城市也异常忙碌，但是再忙的深圳人也要读书。"因阅读而受人尊敬。""知识在这里是无价的，学问在这里是受尊重的。"这些都是深圳城市的阅读标语。这些年来，深圳图书馆、购书中心、各区读书场馆的建成，书博会、深圳读书月、公益读书会、家长读书沙龙、中国童话节等一系列读书活动的开展，不管是从硬件上还是从软件上，都为深圳人读书创造了很多便利的条件与空间。热爱读书、崇尚知识、尊重学问、全民阅读——展示了深圳人的读书热情，更展示了这座城市求知、求真的学习精神。

2016年，我参加了深圳市"十万教师阅读启动仪式"的活动，那次活动令人印象深刻。启动仪式分为以下四个步骤进行：一是活动安排，二是推荐好书，三是阅读分享，四是深圳市教育局领导讲话与赠书仪式。与平日里的会议大不相同的是，本次会议散发着浓浓的书香。这次与众不同的会议，由领导、专家、作家、教师共同参与，会上高水平的发言，让人受益匪浅。现将精彩语言记录如下：

1. 教师就是萤火虫，给孩子们点亮光明与未来。

2. 在源头的一块石头，很可能改变一条河流的走向。

3. 蹲下来和孩子说话，看到孩子的眼睛。

4. 带着一本书上路，遇见一本更好的书。

5. 爱上一本书，就如同爱上一个人。

6. 书和爱相互定命。

7. 书籍收集了人类的智慧。

8. 从书中获得吸纳、分享的能力。

9. 以书来缓解世界苦难。

10. 建设一个人内心的书房。

11. 读书是最偷懒的事情。

12. 当你成为一只青蛙的时候，别忘记了自己曾经是一只蝌蚪。

13. 教师不仅仅要打造彩色教室，还要进行全课教学，通识教学。

14. 创造阅读之城，建设书香社会。

15. 阅读是一种人道主义。

会议上推荐教师共读的12本书为：

1.《夏山学校》

2.《人文六讲》

3.《儿童的一百种语言》

4.《如果我当教师》

5.《教学勇气——漫步教师心灵》

6.《语文闲谈》

7.《朗读手册》

8.《阅读与经典》

9.《说来听听》

10.《童年的消逝》

11.《民主的细节》

12.《中国大历史》

那次会议结束后，我的内心久久不能平静，因为我也是一个不折不扣的书迷。十几年前的深圳，有人说它是一座没有底蕴、没有内涵的城市。但如今，深圳的书城和图书馆里的好书琳琅满目，节假日里人头攒动，社会、学校、家庭举办的大大小小的读书活动，如火如荼，将深圳的人们快速沉淀，你会慢慢觉察到这个城市在飞速进步，这个城市的人们更加安静而有力量。书籍，在改变着一个城市，也在改变着一个人。阅读，让这座城市变得厚重，处处充满着文化气息。

高兴时读一读，喜悦更增多了几分；痛苦时读一读，忧愁减少了一大半；成功时读一读，避免了骄傲自大；失落时读一读，内心又多了几分坚定与勇气。读一本书，如同在品一个人。近日读到窦桂梅老师的《跟窦桂梅学朗读》，我从中可以感受到她对教育的热爱与坚持，看到她在语文教学上的大胆研究与实践，这是一个教师成功的源泉。读杨汉麟翻译的洛克的《教育漫话》，这本教育名著读起来竟是这样通俗易懂，清浅有用，这是一本家长必备的好书。

在书中沉醉！爱上一本书，让我们热爱一个个高尚而智慧的灵魂。我们原本就应该把最宝贵的时间用在美好的事物上——爱上一本书，爱上一座城。

人生一世，草木一秋

在匆匆的岁月里，用悠闲的心思，用温暖的笔触，用轻快的脚步，将每一日的时间填满。在岁月里，做一个淡泊明志、宁静致远的大写的人，那么即便岁月无情，也可无悔活过。

一日，我在机场买了一本好书，名为《人的宗教》，本以为是晦涩难懂的文字，但读过之后，文字立刻浸染了我整个心灵。这本书共有十章，分别是"出发点""印度教""佛教""儒家""道家""伊斯兰教""犹太教""基督教""原初宗教""最后的考察"。这本书曾在1958年出版过平装版，时隔60年的岁月，而今又成为书店里的热卖书，足见其魅力。真正的好书经得起岁月的洗礼，承得住岁月的风霜。

书中有很多文字打动着我的心。现摘录部分，与大家一一分享。

1. 这不是一本关于宗教历史的书。

2. 即使说到思想，本书也不打算对谈到的宗教进行包罗万象的总结，因为每种宗教都有太多差异，以至于在如此短的篇幅里难以穷尽。

3. 这本书也不是论述宗教安定和谐的主题。

4. 这不是要由评价观点来作比较的宗教讨论。

5. 这是一本寻求拥抱世界的书。

6. 这本书对待宗教的态度是十分严肃的，不是为了迎合猎奇者的好奇之心，或者着眼于感官刺激。

7. 这本书为沟通交流做出了真正的努力。

8. 霍姆斯法官说："生命的目的是从不完美中获取尽可能多的东西。"

9. 通往目标的四条道路：一是通过知识走向神的途径；二是通过爱走向神的途径；三是通过工作走向神的途径；四是通过身心训练走向神的途径。

10. "种瓜得瓜，种豆得豆"。每个内在生命的现状正是它过去所想、所做的产物——不管有多快乐、多混乱或者多宁静，不管能看到多少。同样的，一个人现在的思想和决策就决定着他未来的经验。指向世界的每种行动都会对自己产生反作用，塑造着每个人的命运。

　　与一本本好书遇见，就是遇见了一个个智慧而崇高的人，这是生命中最可贵的缘分。人生一世，草木一秋，我们生存着，也更需要生活着。有时候，问问宗教，在心底里升起一种信仰与敬畏，这是每个生命快乐的方法之一。

一朵纷繁，一片至简

日读一本书，生活被各种各样的文字填满。于是，我开始与书中的各色人物、各个地点、各个朝代对话，听时空里的人们用美妙的、诙谐的、智慧的语言在说话。前日读杂志《阅读新生态》，昨日读《万历十五年》，今日读《汪曾祺散文精选》，读着读着，心越发地静了，静得幽微，爱得沉醉。爱书、爱树、爱花、爱草、爱孩子，我是多么喜欢与他们在一起的生活！

这种痴爱从古至今不止我一人。陶渊明爱菊，周敦颐爱莲，林逋爱梅，老舍先生爱花，都爱到了一定的程度。我也爱花，痴爱着。二月、三月、四月里的各色鲜花已经渐渐凋零，化作了果，变作了泥。五月的花开始洁白了起来，最喜欢这种清淡的五月白。

先是鸡蛋花高高挂于枝头，让人不得不注视它的存在。白色的花底，里面抹几道蛋黄色。这"鸡蛋花"的花名真是耐人寻味，名如其人，也名如其花。再是白兰花悄然地香了，远远地就闻到了它的浓郁。前几年，教学楼前种的六七棵白兰花，今年已是满树繁花，花香袭人。洁白的栀子花也毫不逊色地开了。一片连成一片，亲切而可爱。很多花是高挂于枝头，只是让人远观之，近闻之，却很少能一亲它的芳泽。栀子花毫不吝啬它的美，它在别墅旁开，在大道上开，在不起眼的墙角旮旯里开，它在充满爱意的阳光下开，一年又一年，它们的枝叶被埋了一遍又一遍，它们的白花总是如约而至。而我最喜欢的花是广玉兰花。这种花在家乡就常见，它带着记忆的味道，带着故乡的遥远，带着回忆的美好。几年前我去上海华东师范大学学习，学的内容已经忘却了，但记得那年五月刚好遇见广玉兰开，记得大学校园里若有若无的清香；前年又去了长沙湖南师范大学学习，学的内容还依稀在耳，去到故乡学习，别有一番滋味。见到了老朋友，我们相约在美丽的广玉兰树下见面，树上的广玉兰花开得比汤碗还大，可与牡丹比大小。在岳麓山下，在湖南师范旁的湖边，在长沙的街道边，随处可见的广玉兰花，清丽脱俗，坚韧挺拔，令人难以忘怀。

我喜欢清淡的五月白，更欣赏这种清新、纯粹、恬淡的生活，比如我眼中的两位母亲、两位师者，她们是我心中纯白美丽的"花朵"。

　　一位是大家都熟悉的深圳名师胡红梅老师。胡老师曾说："我们生来就是为了美丽这个世界的。"一次，我在带学生比赛的时候偶然遇见了美丽的她，顿时被她的气质与诗意深深感染。我不得不承认，在一大堆的记者、作家、特级教师所提的问题当中，她提的问题最贴近孩子们的心。后来我再次读到她的文章，又一次被她的教子方法所折服。从她教儿子的方法里，我更加深深体味到阅读与诵读的重要性。我虽然经常在课堂中践行这样的核心理念，但在家庭中实施甚少。从胡老师儿子的藏书5 000册里，我看到了莫大差距。我女儿虽然也有大大小小近千本书，但离5 000本书还是颇有差距的！我想到了陈国安先生的七间书房，也想到了台湾某位先生的几座书楼，更觉羞愧！

　　无独有偶。后来我又无意认识了另一位母亲——胡婷婷。为了教育自己的孩子，她谱曲了100多首古诗文，并且亲自演唱。从2016年至今短短两年多，她的歌就火了！而且她的歌确实很适合孩子们学唱，既简单又好听。我的心弦再次被拨动，能真正站在孩子的角度来思考问题，确定教育方法的人真的不多。她们的成功离不开她们为孩子着想的这一出发点，真是令人心生敬佩！

　　我们烦恼太多，是因为我们所知甚少；我们活得浅薄，是因为读书太少；我们抱怨太多，是因为我们行为太懒；我们忧心忡忡，是因为我们内心太过浮躁。在一片嘈杂喧闹的百花园里，专注于自身一朵纷繁，剔除外在争奇斗艳，一生专注一件事，一生只留一抹香。彩色斑斓的人生丰富多彩，纯净洁白的人生又何尝不是另一种丰富多彩呢？

　　五月白，清香满溢山水处；三更梦，恬淡轻盈草木间。就这样一朵纷繁，就这样一片至简。

2 »

第二篇

学习路上

——在肥沃的土壤里向上萌芽

一路行走，一路风景，编成我们的生命相册，写成我们的人生故事。教育，是一种遇见，是一种信仰，也是一世情缘。

缘起：

2011年，我通过学校推荐，笔试、面试等重重选拔，参加了由宝安区教科院组织的"宝安区中层后备干部班"的学习。在为期近一年的学习中，我认识了很多优秀的同仁，也先后赶赴北京、香港考察学习，在宝安区教育局、教科院跟岗学习、挂职锻炼，并赴广东省韶关市始兴县支教。在这近一年的学习中，我的思想又经历了一次巨大的蜕变。后来，我又赴上海、长沙，赴全国各地旅行学习，生命在不断的行走中变得丰厚，我的教育人生开始有了不一样的色彩！天地大课堂，万物皆教材。生命，在于不断地学习与参悟、不断地实践与成长。

且行且思

尊敬的领导、前辈，亲爱的同事们：

大家好！

今天，我要给大家汇报的题目是《在路上，且行且思》。

春回大地，万物复苏。在这春意盎然的三月里，新的一年就这样来临了。回想去年七月份到十二月份为期近半年的培训，在我的生命之书中，翻过了美好而又难忘的一页。在此，请允许我感谢宝安教育局组织的这次培训，非常感谢学校领导的大力支持，同时也衷心感谢给予我帮助的每位同事，特别感谢因我培训而增加工作量的邓念远主任以及舒珍老师、林鲲、黄佳佳等几位教师。在今天的汇报之前，我想让大家共同思索一个问题。

幸福的含义究竟是什么呢？我想对于每个人来说都有不同的答案。有些人可能觉得拥有财富就是幸福，有些人可能觉得拥有智慧就是幸福，有的人可能觉得身体健康就是幸福。幸福的含义有很多。那么，作为教师，我们的幸福密码是什么呢？今天，就着这迷人的春色，我想与大家分享这段时间的培训经历和学习收获，更想与在座的各位一起来找寻教育的幸福密码。

我的汇报分为以下三个阶段：介绍培训经历、分享学习收获、找寻幸福密码。

一、培训经历

1. 班级简介

我所参加的培训是"宝安区教育系统中层后备干部学习班"，与我们同时开班的还有"宝安区教育系统校级后备干部学习班"。两个班共81人，其中校级班41人，中层班40人。这两个班的共同培训目标是培养学校后备干部，校级班已经举办过好几届，而中层班则是第一届。我们班的学员，最大的30岁，最小的24岁，还有的才刚工作两年。

2. 培训过程

（1）宝安前期培训（2011年7月11日—7月15日）

此阶段教育局、教科培中心、部分学校校长做过讲座，带给大家对当前宝安教育的一些思考，例如，对国际教育的理解。同时，也谈到了宝安教育的现状，以及如何做好外出学习的准备。

（2）北京学习培训（2011年8月28日—9月24日）

整个北京学习培训分为两个阶段：

第一阶段是为期两周的理论学习，主要形式是讲座，其中也穿插阶段总结、读书分享会、论坛交流、模拟竞聘演讲等。给我们做讲座的，既有来自教育圈内的权威人士，也有教育圈外的有识之士；既有来自高等学府的学者，也有来自政府部门的政策参与制定者，还有来自一线的资深名校长。理论学习的内容丰富而有层次，其中有理论研究、管理研究、教育实践、教育心理，还囊括了德育、教学等方方面面。

第二阶段是为期两周的实践锻炼。在挂职学习前，我们参观了广渠门中学和十四中学两所学校。我班学员挂职的学校有人大附中、广渠门中学、朝阳师范附属小学、一七一中学、北京小学、黄城根小学、史家小学、芳草地国际学校。

（3）韶关始兴支教（2011年10月8日—10月14日）

非常巧合的是，我所支教的学校正好是我们的帮扶学校——城南衍屏中心小学。热情的始兴人，美丽的始兴风光和山区里的留守儿童给我们留下了深刻的印象。

（4）香港参观学习（2011年10月24日—10月31日）

在香港，我们听了四场讲座，参观了两所学校。这两所学校分别是保良局香港道教联合会圆玄小学、香港教育工作者联会黄楚标学校。

（5）机关挂职锻炼（2011年11月—12月）

机关挂职：教科培、教育局、广州华南师范大学现场招聘。

3. 深刻印象

（1）北京挂职学习

我所挂职的学校是北京朝阳师范附属小学，现与大家分享给我留下深刻印象的两点。

① 学校环境别致：朝师附小环境优美，处处彰显着文化的气息。学校一共分为三个校区，分别是和平街校区、太阳星城校区和望京校区。不论是哪一个校区，都有一个共同的特点：每面墙壁都会"说话"，每面墙壁都有文化，每面墙壁都透着浓浓的书香。校园里也处处体现着人文的关怀，行走其间，如沐春风。

学校以"悦文化"为整个中心，提倡"无压力阅读"，三个校区在教育教学中紧紧围绕这一中心开展工作。同时，在学校环境建设中，学校也紧紧围绕这一主题在校区的每间教室里、每间功能室里、每面墙壁上甚至在每个角落都营造出"悦文化"的氛围。但三个校区又各具特色，各有千秋。和平街校区的主题是"悦文广场"，太阳星城校区的主题是"童话梦工厂"，望京校区的文化主题是"诗韵校园"。

② 学校管理特色：学校提倡文化管理，让我印象深刻的是他们拥有独特的教师主流文化，并汇编成册，成为大家乐于接受并主动遵守的规章。一是我即代表学校；二是身体力行，以师育生；三是主动赢得认可；四是机会就是待遇；五是经历就是财富；六是高高兴兴干累活；七是帮助他们就是成就自己；八是责任到此请勿推辞。

看看我们越来越精美的学校环境，翻阅我们学校的《兴围规矩》，悉心体会，我更加深刻地体会到了学校领导们的良苦用心。我也相信，我们学校的明天会越来越美好！

（2）香港之行

首先，香港教育办学方式多元化。香港学校分为四种：第一种是官立小学，相当于内地的公立学校，老师即公务员，工资由政府发；第二种是津贴学校，由政府补贴，由办学团体来管理；第三种是直资学校，由政府按学生人数来拨款，学校可以自行支配，可以收取学费；第四种是私立学校，所有的开支均由学校负担。香港学校大部分属于第二种，主要是由办学团体来创办的。其次，香港学校教学语言多元化。由于不同的办学模式、不同的学生、不同的领导作风、不同的发展规划，香港的教学语言也是多元化的。香港的教学语言有英语、粤语和普通话，有的学校以粤语为主，有的学校以英语为主，有的学校则非常注重普通话教学的开展，教学语言是非常丰富多彩的。

香港的学校制度被认为是全球表现最佳之一。香港的教育机会非常平等，香港学生的表现与其社会经济背景的关联较少。香港学校学生的阅读能力很强。根据《泰晤士报高等教育特刊》第四年公布的"世界大学排名榜"，香港大学名列第十八位，香港中文大学名列第三十八位，香港科技大学名列第五十三位，香港城市大学名列第一百四十九位。全球大学众多，香港的大学能取得如此佳绩，实属难得。

二、学习收获

纵观这次培训经历，它丰富而有趣，让处在而立之年的我，对于自己从事的这个行业有了全新的思考。虽然这次培训的目的是为学校培养后备干部，但是我觉得自己学到的不仅仅是如何做好一名中层干部，更多的是让我对自己的人生有了全新的思考。

1. 对终身学习的全新认识

教科培中心的潘世详主任一直鼓励我们"让读书成为一种习惯，把演讲成为一种常态"，要始终保持"谦虚谨慎，不骄不躁，不以物喜，不以己悲"的良好心境。他让我们在平时的生活中也要严格要求自己，"高调做事，低调做人"，特别强调我们要善于学习。

在这段时间里，我也反思了自己这些年来走过的路。

在专业成长的道路上，我有幸得到过市、区、街道等教研员的指点，有许多同事曾给予我真诚的帮助，在此我表示感谢。但是，给我帮助最大的是原语文教研员罗伟源前辈的一句话。有一次，听完我的课后，他饱含期待地对我说："你要多看点教育方面的书籍和杂志啊！"他听评了我很多次课，但是这一句话对我触动最大。从那以后，我开始有意识地看书，慢慢地觉得自己有了较大的转变。

在人生的道路上，我们也需要不断地阅读。阅读，可以解答我们人生里很多无法解答的问题。阅读带来的乐趣，远远大于电视剧带来的乐趣。我常常在想，知识就像是一片大海，我们所拥有的仅仅是一朵浪花而已。我们常常以为自己见到的、想到的东西有很多，而其实对于茫茫宇宙来讲，那只是很微小很微小的一部分而已。博览群书，是一个杰出的人才必备的基础，也是一个人通向幸福和成功之路的有力保障。

在深圳市第7期教育论坛中陈国安博士说："教师是以读书为生的群体。"有人说："作为教师，要看两类书籍。一类是与工作相关的专业书籍；另一类是与生活相关的，看自己喜欢的，让自己身心愉悦的书籍。"这样的观点我很赞同。我想，许多爱书的同事一定会和我有同样的感触：生活，因阅读而更美好；生命，因阅读而更深刻！

2. 对当今教育的重新认识

零点研究咨询集团董事长袁岳先生说："爱孩子就要给予孩子真正的爱好。"给予孩子"爱好"，让孩子发现自己的爱好，如果能把自己喜欢的东西，也就是爱好发挥到极致，那就是成功了。

袁岳先生，并不是教育界人士，但他的话犹如当头棒喝，让我重新反思了素质教育。

首先，素质教育对于人的发展来说，是极其重要的。我们要重视素质教育的具体落实，要在平时的教学中重视学生基本素质的培养。我们要通过素质教育，把学生锻造成一块承载力强、性能优良、坚韧不屈、多才多艺的人才，而不是只会考试的"机器"和只会读书的"书呆子"。

其次，素质教育与升学考试是不矛盾的。不少人认为素质教育和升学考试是矛盾的，认为要搞好升学考试就必须采用应试教育。其实两者并不矛盾。如果说一个人的成长是一棵树，素质教育就是这棵树的根和主干，我们让根系强大，主干粗壮了，就不怕结不出果子。反之，如果我们只是一味地让这棵树结果，使用各种办法，让这棵树直接结果，也不管它的根和枝干、树叶的长势，那么导致的结果就是这棵树有可能被摧残、长歪。

总之，我们不仅要立足当下，重视教育教学质量，为孩子将来创造更好的学习机会而努力；更要放眼未来，重视学生的终身发展和全面发展，为孩子的幸福人生奠定基础。

3. 对工作和生活的多向思考

俗话说，有一个好校长就有一所好学校。从广渠门中学校长吴甡身上，我学会了对工作和生活的多向思考。现与大家分享他在讲座中的精彩语录。

感恩生活，永远对别人充满感恩，不为别人的过失惩罚自己，生活中要有朋友，从哲学的角度看待问题。

（1）阅读可以使人获得优质的生活状态。

（2）对他人的态度决定了你的世界。

（3）人生就是一项自己做的工程。

（4）良好的习惯胜过所拥有的知识。

（5）绝境中，要学会用你的左手温暖你的右手。

（6）生命中总有人陪伴你，也总有人离你而去。

（7）信一件事就是信仰。

（8）我不是圣人，难免平庸，难免世俗。

从他的身上，我也明白了：一个人如果想照亮别人，自己要先学会做一个太阳；如果想滋润大地，自己要先成为一泓清泉；如果想要有所作为，就要努力让自己变成一个有高度、有深度的人。

三、幸福密码

每个人都有自己幸福的方式，也都在不断地找寻自己的幸福密码。我眼中的幸福密码有三点。

1. 珍惜眼前

有人说，工作着就是幸福的。

也有人说，人最可悲的是不知道自己拥有的东西多么珍贵。

在华南师范大学长长的招聘队伍中，从博士生、名校的硕士生和众多的本科生那急切的眼神里，我感受到能拥有这份工作就是幸福的；在始兴的一个个教学点，在一间间简陋的教室里，从教师们朴素的语言间，我感受到了能拥有我们这么好的教学环境就是幸福的。在一次又一次和北京及香港教师的对比中，从我们付出的努力和回报的薪水中，我感受到自己是幸福的。

就拿香港教育工作者来说吧，在我所接触到的香港教育者当中，我们可以感受到他们对待工作的态度是极其严肃认真的。根据了解，不管是学校领导，还是教师，他们都是非常认真负责的。香港教师工作量非常大，工作时间很长。在考察中我们获悉，香港很多学校的语文教师一周有28节课之多，要同时兼任三个班的语文教学，学生作业常常要带回家去改。中层干部往往身兼数职，学校副校长一周还要带十几节课，校长更是在学校和其他机构四处跑，同时也要兼任其他一些社会职务。但就是在这么繁重的工作量面前，他们是非常敬业、乐业的，同时也是非常廉洁的。尽管他们得到的薪水比我们多，但他们付出的劳动也确实是我们的几倍。

2. 以爱出发

叶剑平校长在一次开会的时候，与大家分享的一句话让我印象深刻。他说："一个孩子可能只是一个学校的千分之一，一个班级的几十分之一，但对于一个家庭来说就是百分之百。"从为人父母的角度来讲，我也是非常赞同这句话的。汶川地震中一位失去孩子的父亲在博客中这样写道："对整个世界而言，你只是一粒尘埃；对我而言，你却是我的整个世界。"而身为母亲的我则认为，每个孩子都是天使，都是珍宝。我们教自己的孩子，是手捧珍宝；我们教别人的孩子，是与天使相伴。

智利女诗人米斯特拉尔曾写过这样一首诗：

他的名字叫今天

我们也许为犯过许多错误而感到惭愧

但最惭愧的莫过于遗弃儿童

我们需要的东西，很多都可以等

但孩子们不能等

现在，他（们）的骨头正在生长

现在，他（们）的血液正在制造

现在，他（们）的心智正在发展

对他，我们不能说明天

他的名字叫今天

因此，我们有充足的理由用心去爱每个孩子，让每个孩子过好今天。

3. 志存高远

有人说："如果我们把教育看作专业，收获的是一张苍白的课表；如果我们把教育看作职业，收获的是精彩的课堂；如果我们把教育看作事业，收获的是崇高的荣誉；如果我们把教育看作生命，收获的才是教师的幸福人生。"

人各有志，君子有所为也有所不为。心有多大，舞台就有多大。我相信，有志向有梦想的人一定可以走得更有激情、更有活力、更加快乐！我也衷心祝愿大家在自己的梦想之路上，硕果累累！

最后，以几句话来结束我今天的汇报。

对于这一趟人世的旅程来说：

重要的不是我们所得到的，而是我们为人奉献的！

重要的不是我们所占有的，而是我们为人创造的！

重要的不是我们所掌握的，而是我们与人分享的！

最后，愿大家都能找到属于自己的幸福密码！

（2012年3月26日）

第二篇 学习路上——在肥沃的土壤里向上萌芽

北京之行

2011年8月28日至9月24日，我与"宝安区中层后备干部班"的同学们一起在北京学习。我们一行人先后到人大附中、广渠门中学、朝阳师范附属小学、一七一中学、北京小学、黄城根小学、史家小学、芳草地国际学校这些地方参加了考察学习与挂职锻炼，现将当时的所学所思、所感所悟分享如下。

北京之行系列一：中国教育之惑

第二天的正式培训学习已经结束，留给我们的是更多的新的思考。

昨天的培训是从教育的外围开始入手，而今天我们的培训已经慢慢围绕在教育周围。今天上午，国家教育部教育发展研究中心基础教育研究室主任汪明用非常平实的语言向我们讲述了中国基础教育发展的变革，他主要从学前教育、义务教育、高中教育、考试招生制度改革、出国留学这几个方面进行了比较详细的阐述。课后，几个同学的提问非常耐人寻味，特将其中一个记录下来，与大家一起探索中国教育之疑惑。

怎样解决升学考试与素质教育之间的矛盾？一方面，我们有着升学的压力；另一方面，我们又要推行素质教育，提倡减轻中小学学生的课业负担，这两者的根本问题出在哪里？

对于这个问题，作为一线教师的我深有感触，也可以说这是许多教师都深深迷惑的地方。我们也非常清楚地知道素质教育的重要性和必要性，但是与此同时我们也深感升学带给学生的压力。一方面，我们要求学生德、智、体、美、劳全面发展；另一方面，我们又面临着深圳公办学校中学学位的紧张。因此，作为六年级一线的教师，起早摸黑，抢课、占课是家常便饭，甚至教师争课现象都时有发生。教师们疲惫不堪，学生的个性发展也受到严重影响，国家的教育政策方针无法真正落实，明知不可为还要为之，不管是对教师，还是对学生，这样的现象都值得我们深深思索和探讨。

下午，听完国家教育部教育发展研究中心教育改革评估室杨银付主任对《国家中长期教育改革和发展规划纲要（2010—2020年）》进行解读后，让我对上面的问题又有了新的思索。

杨主任提到，只有先解决好升学问题，才能解决好素质教育和减负问题。我非常赞同这样的观点。

其实，影响素质教育和减负方针落实的一个很大的原因就是教育的不均衡化。身为深圳的一名六年级毕业班老师和班主任，我对此深有感触。有许多孩子各方面都非常优秀，但由于他们是深圳市外户籍，在升学问题上就受到许多条件的制约，其中最大的制约就是必须依靠成绩来进入中学。因此，如果成绩不优秀，这些孩子连进入公立学校的机会都没有，而私立学校和公立学校的发展也是极其不均衡的。

因此，我觉得要解决升学考试与素质教育之间的矛盾，最关键的是要解决两大问题：一是升学制度改革问题，二是教育均衡化问题。当然，解决升学考试与素质教育之间的矛盾还牵涉许多方面，这需要我们共同努力。我会在自己的岗位上努力贡献出自己的微薄力量，也衷心希望《国家中长期教育改革和发展规划纲要（2010—2020年）》能真正落实，我国能早日实现教育现代化，形成学习型社会，进入人力资源强国行列！

北京之行系列二：有关德育工作的思考

今天，听了张红教授的《基于学生发展的有效德育》，让我对德育有了新的认识。

德育工作一直是学校工作中的难题。德育处主任和班主任的工作是大家公认的非常辛苦的工作。我是一名六年级的语文教师，同时也是一位班主任。我虽然班主任工作做得不错，但对德育工作远不如教学工作那样让我深深痴迷。分析其中的原因，主要有三点：一是德育工作很复杂，班主任的付出可能很难与收获成正比；二是学校德育处分配给中队辅导员的工作任务很多，很大程度上超出了德育的范畴；三是非常不欣赏学校德育中采用班级扣分制来衡量班级是否优秀，这种负面的评价手段给班主任带来了很大的心理压力。但是，通过今天的学习，我对德育工作有了改观。

德育工作可以做得很美。正如张红教授所说："做好德育工作的有效途径很多，课程本身的价值观、教材内容、教师的人格魅力、教学方式以及富有感染力的日常生活氛围都可以让我们把德育工作做得很美好。"以前枯燥的、机械的说教，我们可以换成真诚的心与心的交流。当学生犯了错误时，我们要重在"评"，而不只是"批"。是的，德育工作原来可以做得非常美！

德育工作不应只做表面功夫，而更应该走进学生心灵！

德育工作不应只做狂风暴雨，而更应该如涓涓细流！

德育工作不应冷若冰霜，而更应该像冬日暖阳！

每次教育孩子的时候，我总会想起这样一个故事。

一位哲学家带着一群学生去漫游世界，十年间，他们游历了所有的国家，拜访了所有有学问的人，现在他们回来了，个个满腹经纶。在进城之前，哲学家在郊外的一片草地上坐了下来，说："十年游历，你们都已是饱学之士，现在学业就要结束了，我们上最后一课吧！"

弟子们围着哲学家坐了下来。哲学家问："现在我们坐在什么地方？"弟子们答："现在我们坐在旷野里。"哲学家又问："旷野里长着什么？"弟子们说："旷野里长满杂草。"哲学家说："对。旷野里长满杂草。现在我想知道的是如何除掉这些杂草。"弟子们非常惊愕，他们都没有想到，一直在探讨人生奥妙的哲学家，最后一课竟是问这么简单的一个问题。

一个弟子首先开口说："老师，只要有铲子就够了。"哲学家点点头。另一个弟子接着说："用火烧也是很好的一种办法。"哲学家微笑了一下，示意下一位。第三个弟子说："撒上石灰就会除掉所有的杂草。"接着讲的是第四个弟子，他说："斩草除根，只要把根挖出来就行了。"等弟子们都讲完了，哲学家站了起来，说："课就上到这里了，你们回去后，按照各自的方法去除一片杂草。一年后，我们再来相聚。"

一年后，他们都来了，不过原来相聚的地方已不再是杂草丛生，它变成了一片长满谷子的庄稼地。弟子们围着谷地坐下，等待哲学家的到来，可是哲学家始终没有来。若干年后，哲学家去世了。弟子们在整理他的言论时，私自在最后补了一章：要想除掉旷野里的杂草，方法只有一种，那就是在上面种上庄稼。同样，要想让灵魂无纷扰，唯一的方法就是用美德去占据它。

这个故事给了我深刻的启示："要想除去杂草，方法只有一种，那就是在上面种上庄稼。"其实，德育工作何尝不是如此呢？

"人类需要道德是为了让生活更美好。"我决心改变对德育工作的心态，用真诚与热爱将德育工作做得更美好！

北京之行系列三：德育世界的广阔天空

北京十四中学之行，为我们展现了德育世界的广阔天空。在9月1日的听课中，有一句话令我印象深刻，那就是"道德是人类美好生活的需要"。当天的学习改变了我对德育的狭隘看法，让我明白了德育工作也可以做得很美。而今天的赴学校考察活动，则让我亲身感受到了德育世界的美好，也看到了德育世界里原来有一片广阔的天空！

刚走到十四中学的电教室，十四中的王建宗校长便为我们做了一个简短的有关德育的讲座。他在讲座中阐述了三个观点：①把德育当作一套学问；②把德育当作一种事业；③把德育当作一种修养。同时，他也提出了德育应当是科学与宗教信仰的结合。我非常赞同王校长的看法。

王校长原来是一位语文教师，也是一位特级教师，现在他是中学校长，然而他却觉得自己最有成就的就是德育。这让我不禁想到自己对教师工作不正确的看法。一直以来，身为语文教师的我非常喜欢教学工作，而对于德育工作，我只是狭隘地将之定义为班主任工作。可是今天，我却发现自己的眼界之小。德育工作不仅应该是班主任该做的，其他的教师、行政乃至校长都有责任去做，这是每个教育工作者不可推卸的责任。同时，在我担任班主任的十年工作期间，我也只是被动地做着德育工作，虽然我也尽心尽力去做，得到了一定的认可。但我并没有发自内心去热爱工作，总以为做好德育工作就是将学校布置给我的班主任工作做好就行了。现在看来，这是远远不够的！德育的外延是多么广，内涵是多么丰富！还有一个误区，就是以前我总是认为教学工作是首位的，德育工作是次要的，这种认识显然是不对的。在学校工作中，德育工作应该是首位的，教学工作是次要的，但两者都不容忽视。因此，我决心热爱德育工作，将之做好、做出色！

那么，怎样才能将德育工作做好、做出色呢？在今天上午对十四中学的考察中，和下午听了广渠门中学李志伟副校长的讲座后，我得到了一些答案。同时，我也看到了德育世界里有一片广阔的天空值得我们去探索。

一、德育工作有目标

十四中学有着完整而详细的德育工作目标：学校德育六年规划、学校德育工作学年设计、学校德育月月有安排。有了很好的目标，德育工作就有了风向标，有了努力的方向，而不至于盲目"跟风"，没有自己的特色。

二、德育工作有重点

不管是广渠门中学，还是十四中学，学校都应把德育工作的重点放在两大任务上。一是班主任队伍建设，二是学生队伍建设。在班主任队伍建设中，学校非常重视调动班主任的积极性。如在评优、评先、评职称时首先考虑班主任，除了给班主任教师发放较高的岗位津贴外，还发给班主任其他奖金和福利。在学生队伍建设中，两所学校各有做法。广渠门中学为学生设立了专门的服务部；十四中学也非常重视学生队伍建设，努力让学生成为德育工作的主人、主体。

三、德育工作有方法

十四中学在德育工作中，有非常多的方法值得我们借鉴。学校有很丰富的德育内容，如每月都有主题，通过班会、年级会议的形式开展公民教育，其中包括心理教育和环保教育。不仅在班会课上，在其他课堂中也渗透着德育。如在语文课堂、政治课堂、英语课堂里都可以找到德育的着力点。同时，不单单在课堂上，学校也积极为学生的实践活动创设有利条件，并取得了一定社会力量的支持，这样德育工作的开展则更加有成效。

四、德育工作有研究

德育工作不仅需要实践，还需要理论的指导。因此，两所学校都非常重视德育课题的开发和研究，如十四中学近期开展的《以人的发展为本——教育动力学的研究与实践》德育课题，就非常有研究意义，值得我们共同去研究。

总之，德育不应该像沙漠那般贫瘠，而应该像绿洲那般丰富；德育不应该像毫无生气的池塘，而应该像波澜壮阔的大海！因为，德育世界里有一片广阔的天空！

北京之行系列四：梦想中的"巴学园"

在桂花飘香的八月，我们带着教育局和教科培领导们的深深期望，也带着学校领导和同事们的支持与理解，来到了这座拥有悠久的历史、厚重的文化、美丽的风景的城市——北京。

在天高云淡的九月，我们走进了北京市朝阳师范附小，这是一个童话的世界，一个诗意的花园，一座文化的广场。走进其间，就像走进了日本作家黑柳彻子笔下的《窗边的小豆豆》一书中的"巴学园"。儒雅温和的校长，清新高雅的校园，具有人文精神的管理艺术，深深打动着我们的心。在匆匆的步履里，在不断的思索中，我们的北京学习之旅即将画上句号。我们恋恋不舍，意犹未尽；我们满怀希望，开始了新的征程。

在短短八天的挂职学习里，我们通过查阅资料、访谈、参观校园、观摩行政会、听评课、小组讨论等一系列的方式，对学校的管理工作有了一定的了解，也加深了对学校中层干部的认识。我将挂职期间的所见所闻、所思所想，与大家做交流和分享。

一、学校情况简介

北京市朝阳师范学校附属小学于1958年建校，1960年办学，坐落在北京最早的小区——和平街小区里面。1993年9月，陶西平先生为该校题词：教育改革的典范，优秀人才的摇篮。

该学校具有三大特点：一是融合力强。在2003年至2008年间，曾合并两所学校。学校的规模日益扩大，现分为三个校区，分别是：和平街校区、太阳星城校区、望京校区，共有学生1 700余人，教师160多人。二是改革的历程长。1992年学校开始改革，提出了"乐学会学、全面发展"的目标，开齐所有课程，不单单重视学习语文、数学，还重视其他课程的学习。1995年学校进行第二次改革，提倡"五育并举抓落实，全面育人求发展"。1998年学校进行第三次改革，提出"创设育人环境，体现学生自由，实现五育和谐，落实素质教育"。2007年，学校进行了第四次改革，在阅读方面进行了很大变革，主张"无压力阅读"，将儿童文学和语文课堂有机结合。三是注重师生的全面发展。学校为师生创设发展的平台，从环境、课堂、活动三方面入手，让学校中的每个人都有收获，获得个人最大的发展。至今，朝师附小在不断改革发展中取得非常显著的成绩，被评为"北京市首批素质教育示范重点小学"。

二、学校环境欣赏

朝师附小的环境优美，处处彰显着文化气息。学校一共分为三个校区，分别是和平街校区、太阳星城校区和望京校区。不论是哪一个校区，都有一个共同的特点：每面墙壁都会"说话"，每面墙壁都有文化，每面墙壁都透着浓浓的书香。校园处处体现着人文的关怀，行走其间，如沐春风。

学校以"悦文化"为整个中心，三个校区在教育教学中紧紧围绕这一中心开展工作。同时，在校区的每间教室里、每间功能室里、每面墙壁上甚至在每个角落里都营造"悦文化"的氛围。但三个校区又各具特色、各有千秋。

和平街校区的主题是"悦文广场"。人们一走进校园，就可以看到地上有六块刻着不同字体的黑色瓷砖，每块砖上有四个大字，既突出了汉字的演变过程，又展现出附小人做人育人的目标。在路的右边，是笔、墨、纸、砚和汉字笔画组合而成的雕塑，它告诉全体师生汉字的重要性。在一楼走廊的墙壁上，我们还发现了一大组汉字的展板，展示了中国汉字的发展史，让人们感受到中国汉字的神奇，从而产生自豪感，也激发了师生浓浓的爱国之情。

太阳星城校区的主题是"童话梦工厂"。一楼以科技为主题，墙壁上展现的是与科技相关的图片；二楼是"童话舞台"，孩子们可以在二楼演练童话剧，表演与童话相关的节目；三楼是"悦文化"这一文化主题的内涵所在，包括"悦读""阅读""越读"，并配上了与阅读相关作家、人物的图片，让人印象深刻。

望京校区的文化主题是"诗韵校园"。校园的墙壁乃至楼梯上都贴有诗句，二楼还设有"走进诗韵"的小舞台，老师和孩子们经常在小舞台上朗诵诗歌或是表演节目。校区还围绕"悦文化"这一主题，提出了"阅诗、乐诗、悦诗"的理念，让每个孩子都爱诗，浸在诗意校园之中。最有意思的是分别设在三层楼洗手池边的标语，是三句古语，它们充满哲理和诗意，让人意犹未尽。

另外，在每个校区的每间教室外的墙壁上都有展示，或是学生的作品，或是经典诗文，或是生活、安全方面的小提示，给学生提供了很好的展示平台。

三、学校管理特色

1. 倡导文化先行

在学校管理中，强调文化先行，统一思想，促进全体师生共同发展。学校有自己独特的主流文化。

（1）教师主流文化

一是我即代表学校；二是身体力行，以师育生；三是主动赢得认可；四是机会就是待遇；五是经历就是财富；六是高高兴兴干累活；七是帮助他们就是成就自己；八是责任到此请勿推辞。

（2）学生主流文化

学校的校训是明理立志，积极向上；乐学会学，健康成长。学校要求每个孩子都努力成为具有健康的身体、健康的心理、扎实的基础、广博的见识、发展的能力、发展的潜力的学生。这种主流文化，正是素质教育最好的体现。

2. 管理工作精细

学校以"主流文化"作为辐射线，在工作中有着自己一套非常完整的管理制度。在每项管理工作中，都特别精心细致，以"一切为了孩子的发展"为德育工作的基本思路，以"培养习惯"和"爱国教育"为德育内容，通过教师、学生和家长三支队伍的建设，并通过四个载体——班主任、家长、学生活动和实践基地来全方位开展德育工作。在教学管理中，通过教学常规检查、听评课、月测、教研等一系列措施促进学生进步，帮助教师成长。

3. 行政会议特别

朝师附小每周都要在三个校区中的一个校区召开行政会议。与别的学校行政不同，朝师附小的行政会议非常特别。每一次行政会议大约是一上午的时间。每次行政会议都有一个固定的流程。先是校长和中层干部、老师们一起听一节公开课，然后再进行评课，帮助教师取得更好的课堂教学效果。评课结束，再由一名中层干部结合自己平时的工作实际来推荐一篇有关管理的文章供大家学习、分享。最后，再花十来分钟的时间来布置工作。这样的行政会议，回归了教育工作的本质，真正做到了"文化管理"。

四、挂职感想体会

短短几天的挂职学习已经过去，给我们留下了深刻的印象。

1. 三个深刻

第一深刻的是朝师附小的齐振军校长。俗话说：有一个好校长就有一所好学校。齐校长是一位儒雅幽默的校长，他性格温和，非常有亲和力，他对待工作和同事的态度令人钦佩。他对教学非常重视，每周都坚持亲自带领行政到教室听老师们讲课。在与他的座谈中，在观摩行政会的过程中，在每一所学校的参观中，我都感受到了齐校长的个人魅力之所在，那就是——严谨治学的精神，平易近人的态度，突出的专业能力，良好的个人素养。不管是什么样的领导，个人魅力直接影响着领导力。因此，作为后备干部的我们，必须从多方面来修炼自己，努力让自己变成一个有温度、有高度、有深度的人！

第二深刻的是学校的主流文化。在考察中，我发现该学校非常注重主流文化的落实。主流文化不是口号，在久而久之的潜移默化中，这种思想的引领最终让全体师生与学校的管理达到完美的统一。他们是这样落实主流文化的：

（1）通过德育来统一。通过升旗，评选优秀班级，评选"悦之星"，通过宣传、引导师生树立附小的人生观、价值观。

（2）通过环境来统一。三个校区的环境，虽然各有特色，但有着共同的文化主题。不管是和平街校区的"悦文广场"，太阳星城校区的"童话梦工厂"，还是望京校区的"诗韵校园"，都是围绕"悦"这一主题来布置的。

（3）通过活动来统一。主要通过"走进高雅殿堂""直面名人名家""感受异国文化"及"定向越野"等一系列的活动来拓展学生视野，达到育人的目的。

第三深刻的是学校提倡的"无压力阅读"。这一举措体现在每个校区的楼梯间、走廊上，在这些地方摆放了许多的书籍，连墙壁上都是与阅读相关的东西，如诗歌、图片、作家，还有学生的读书感受等等，供孩子们自由阅读，使其没有任何压力地享受阅读的乐趣。从这种模式中，我们可以窥见学校的一切工作都是从孩子成长的需要出发的。

2. 三点思索

第一，宝安的教育重视校长及领导干部的选拔和培养，是非常值得肯定的。相信在一批又一批优秀校长的带领下，我们可以看到宝安的教育越办越好！但是，与此同时，也有许多校长要加强学习，努力成长为优秀的校长、教育专家，以期引领广大教师进步，学生才能真正全面发展。我们有幸成为一名中层后备管理干部，并得到教育局和教科培领导的高度重视，就更应该用自己的积极行动来抓住这次培训学习的机会，全面提高自身素养。

第二，我们在教育管理中，要重视文化引领，思想先行。在和本组学员的交流中，我发现有的学校有自己的主流文化，而有的学校的文化只是停留在表层，甚至没有。通过朝师附小和我们所处学校办学经验的对比，我们可以发现我们学校中存在的许多问题都来自于学校文化的缺失。因此，在培训结束后，我们要大胆向学校领导提出有利于学校发展的建议，并通过自己的努力来协助学校领导实行文化引领，让我们的学校都能形成积极的、健康的、向上的、独特的主流文化，让学校文化植根于师生们的心田，真正实现"文化管理""文化治校"。

第三，要正确认识中层干部这一职务。中层干部是学校校长办学思想的履职者，是学校工作的重要桥梁。中层干部要拥有四种能力：执行能力、协调能力、沟通能力、研究能力；还要具备三种意识：管理意识、服务意识、学习意识。培训结束后，我们如果能成为中层干部，则要努力进行自我修炼，力求在实际工作中找准工作定位，发挥个人潜力，把学校工作做得出色。如果暂时不能成为中层干部，也要保持良好的心态，不断去努力完善自己，在其他方面取得更大的进步和成功。

鲁迅先生写道："地上本没有路，走的人多了，便成了路。"在通往教育成功的路上，我们不仅要虚心踏着前人的路往下走，也要勇敢地去开辟新路，在不断的继承和发扬中，在不断的改革创新中，让我们的教育之林鲜花缤纷、硕果累累！同时我们也深深期盼有一天，深圳不仅仅是经济特区，更能成为文化之都！就让我们共同努力，为深圳教育的历史书写出最辉煌的一页！

上海之行

上海之行系列一：做个幸福的教师

2014年5月，在广玉兰花绽放的季节，我们与海韵的几位同事来到了既有历史文化名城之称，又被称为"时尚摩登"的都市——上海，参加了"宝安区首届骨干班主任培训班"的学习。在这次旅程中，我非常喜欢华东师范大学里那浓浓的书卷之气，成排的法国梧桐，茂盛的绿叶，初夏里全是清新的味道。高大的广玉兰花，洁白的花瓣，盛开在绿叶丛中。红红的观赏枫叶，嫩绿的银杏树叶，盛开着的白莲，盛开着一个夏天的秘密。

几天的课堂学习和实践考察，我们所收获的已在专业之外。一个人，如若下定决心做某件事情，并能得到他人的支持，那就是人生的幸运儿了。一个人的力量虽然渺小，但只要持之以恒，总有水滴石穿的那一刻。我越来越清醒自己的真正所需：我需要实实在在地去放慢步调，去感受并享受每一天的美。而这种美，不单单来自于外表的美丽、肢体的舒适，更要来自生命的平静与内涵的丰富，是一种生命的崇高与庄严。

这次学习的最大收获是：第一坚决不要把工作带回家；第二是把笑脸带回家。除此之外，我也明白了一个人真正的幸福是能做真正的最好的自己。这种真正的最好的自己不必害怕他人的目光，也不必嫉妒他人夺目的才华与名利，而是自身内心的自信与深厚的底蕴，生命只因自己想要的幸福而喜悦，始终保持自己的本色。

新天地的街道，古朴而有韵味的墙壁，大气而辉煌的外滩建筑，迷人的灯光，一群带着欢声笑语的同伴，足以令人回味一整个夏天。最有意思的是，我们参观了上海博物馆，了解了古老而神秘的中国文化，在申城寻找着祖先的印迹，每个人在历史长河中都变得无关紧要起来。然而，每个生命都是厚重的。从陶器时代到青花瓷，生命的变迁是多少双手承接与装饰过的那些瓷器，汇成的生命之河，最终融化成五千年的文化与历史。

上海之行，收获颇丰，思考颇深。在课堂里，我听到教授们说得最多的几句话是，你要弄清楚三个问题："一是你是谁？二是你想做什么？三是你能做什么？"

我越来越清楚自己是谁，明白自己想做什么，知道自己能做什么。一位教师，一位母亲，一个喜欢读书、写作的人，虽然看似渺小平凡，但也可以获得崇高并变得伟大。与此同时，我也深深明白了一个人的幸福来自于自立自强。自立的人能够独立生活，不依赖于任何人，幸福自然来自于自己的心间，这种幸福有底气也理直气壮；自强的人获得成功，获得他人的肯定与欣赏，而真正的强大并不需要他人的肯定与欣赏，因为这本身就是一种强大。这正如《周易》有云："天行健，君子以自强不息；地势坤，君子以厚德载物"啊！做一个自立的人，做一个自强的人，做一个品德高尚的人，这虽是亘古不变的法则，但真正明白又能努力做到的人，实在不多。

一个真正的好教师和好的班主任，应当本身就是一个创造幸福的人，一个不断追求自我超越的人，一个有着独立思想与品格的人，一个努力追求品德高尚的人。唯有幸福的教师，才能教出幸福的学生；唯有自强的教师，才能教出更强的学生；唯有独立的教师，才能熏陶出独立的学生；唯有高尚的品德，才能铸就出品学兼优的学生啊！

行在当下，还在等什么呢？在行动中，做一个幸福的教育人。

上海之行系列二：培养幸福的学生

在华东师范学习期间，我们在高校里聆听到了许多专家与教授的精彩讲座，也去到了当地的小学进行了考察学习。如何具体地培养一个幸福的学生呢？我先将学习期间的笔记分享如下。

1. 用心去爱每个孩子。每个孩子都是一个花苞，我们要帮助他积聚开放的力量。

2. 逆反来源于过度批评，但班主任有适当教育批评孩子的权利。

3. 一位杰出的法国外科医生认为，我们应当重视培养孩子养成快乐的习惯。

4. 请鼓励你的孩子做一个快乐和喜欢开怀大笑的人。如同不开花的树木将来绝对不会长出果实一样，没有欢声笑语的孩子将来也只能碌碌无为，不会给别人带来欢笑。

5. 对于所有人来说，快乐是这个世界上最便宜、最优质、最有效的药物。

6. 有时机会一来要马上抓住，否则稍纵即逝。

7. 善用同伴资源，任课老师、家长要学会正确地爱自己的孩子。

8. 你在做的每件事情都是为自己所做。

9. 人不是输在起跑线上，而是输在转折点上。

10. 人一定要停下来，看看自己的心情是否愉快。

11. 让家长改变家长。

12. 教学的成功在于三分耕耘，七分个人魅力。

13. 每个孩子都是潜在的天才儿童。

14. 多元智能包括：

（1）语言智能；

（2）数理逻辑智能；

（3）音乐智能；

（4）空间智能；

（5）身体运动智能；

（6）人格智能；

（7）自我认识反省智能；

（8）自然观察智能。

15. 多元智能的实质和目标：了解"你是谁"远比你学习知识更重要。课本仅仅是课本，教师要有自己的感受。

16. 教师如何发展学生的多元智能？

（1）观察：观察不规范的要点，观察智能的长项特点，观察家庭中的各人表现，观察余暇时间他人在干什么。

（2）开启和关闭：教师要做一个打开窗户的人，而不是关门人。对语言智能和数理逻辑智能的过分重视，扼杀了孩子其他领域天赋的发挥。

（3）选择：给学生选择的权利和机会。学生认知自己获得成功——教师观察学生的智能长项——教师进行个别化的教育指导。

（4）环境：校园文化、学生文化、教师文化。

（5）在课堂教学中发展多元智能，在活动中发展多元智能。

（6）改变语言、改变世界，语言可以走进人的心灵世界。

短短的为期一周的学习，让我更加懂得敬畏教育与热爱孩子。以一颗敬畏之心，对待教育；以一双智慧之眼，热爱孩子。这是人生一件美事。

上海之行，让我明白了幸福教育人生里的两件事：一是做一名幸福的教师，二是培养出一批又一批幸福的学生！

香港之行

香港印象一：我眼中的香港教育

2011年，宝安区教育系统后备干部中层班学员们怀着激动的心情，乘车穿过了美丽的跨海大桥，来到了东方之珠——香港。

在短短一周的时间里，我们小组成员先后参观考察了保良局香港道教联合会圆玄小学、香港教育工作者联会黄楚标学校，并聆听了《学校管理与校园文化建设》《中层干部的角色》《香港教育特色与两地教育的比较》《创建一流特色学校》四场精彩的讲座。通过考察和学习，我对香港教育有了一定的印象和了解。

我眼中的香港教育是多元化的。首先，它体现在办学方式的多元化。香港的学校分为四种。第一种是官立小学，相当于公立学校，老师即公务员，工资由政府出资；第二种是津贴学校，由政府补贴，由办学团体来管理；第三种是直资学校，由政府按学生人数来拨款，学校可以自行支配，可以收取学费；第四种是私立学校，所有的开支均由学校负担。香港的学校大部分属于第二种，主要是以办学团体来创办的。其次，它体现在香港学生的多元化。由于香港特殊的地理位置、历史文化，香港有来自世界各地的学生，既有黄头发的，也有黑头发的，不仅有香港本地的居民，还有来自周边国家的学生。再次，香港学校教学语言多元化。由于不同的办学模式、不同的学生、不同的发展规划，香港的教学语言也是多元化的。香港的教学语言有英语、粤语和普通话，有的学校以粤语为主，有的学校则以英语为主，有的学校则非常注重普通话教学的开展，教学语言非常丰富多彩。

我眼中的香港教育是自由的。香港的办学目标和办学体制比较自由，首先是体现在教材的选择上，学校可以按照教育管理机构提供的教材来组织教学，也完全可以由学校自主选择教材、确定学校的教学主题，它在课程设置上有很大的灵活度。其次是体现在教学方式上，在我们参观考察的过程中，我们发现香港学校的教学方式灵活多变，既有班级共同学习模式，也有小组讨论的模式；除了在课堂中学习，也更注重外出活动与综合课程；除了训练学生的学习能力外，更注重多元智能的全面开发。因此，香港学生的综合素质在全世界来讲，都是排在前列的。

我眼中的香港教育是严谨的。在短短的几天时间里，我们亲身感受到了香港教育工作者对工作的热情和严谨。第一，香港对于教师、学校领导的选拔是非常严格的。他们有着非常严格的管理机制和培训方案。比方说校长的选拔，应试者要先通过学习和培训取得校长证以后，还要通过严格的筛选、培训才能正式上岗。而学校的中层干部、教师的选拔也是极其严格的，应试者需要通过一系列的培训和学习，才能取得相应的资格。这样一种体制既给"教师"这一职业提高了"门槛"，也能保证学校领导的高素质，在无形之中确保了香港整体的教育教学质量。第二，学校管理工作是精细而严密的。给我们做讲座的区月晶校长提到，要让校园的每个地方都有教育意义，同时也要实行既严密又自由的管理。在她的学校里，经常调换中层干部的管理位置，让中层干部能适应多个部门的管理工作，从而形成独特的管理风格。几个校长都认为，好的学校不仅需要一个好的校长打造，更离不开一支非常优秀而卓越的队伍来共同缔造。第三，每个教育工作者对待工作的态度都是极其严肃认真的。不管是学校领导，还是教师，他们都非常认真负责。香港教师工作量非常大，工作时间长。在考察中我们获悉，香港很多学校的语文教师一周有二十八节课之多，还要同时兼任三个班的语文教学，学生作业常要带回家去改。中层干部往往身兼数职，学校副校长一周还要带十几节课，校长更是学校和其他机构两头跑，同时也要兼任其他一些社会职务。但就是在这么繁重的工作量面前，他们还是非常敬业、乐业的，同时也是非常廉洁的。香港有个比较有趣的现象是：学生的高考试卷是由老师带回家批阅的。从这个小细节中，我们可以充分感受到香港教育的严谨。

我眼中的香港教育是有趣的。香港教育还有很多有趣的地方，从校园文化的建设中，可见一斑。我们在走进保良局香港道教联合会圆玄小学时，就看到了非常有趣的校园文化。我们学习考察时正值万圣节前夕，学校的教学楼门口、楼道间甚至教室里都用不同样式的"鬼"来装饰，营造了很浓的节日氛围，另类而有趣，让我们大开了眼界。香港的多元文化，让香港的教育别具一格，非常有趣。在此，就不一一列举了。

これは我眼中の香港教育。

这就是我眼中的香港教育。

香港之行虽然短暂，但留在我们记忆里的，是一首美丽和难忘的歌。

香港印象二："人文教育"与"知识教育"

一日去香港，我刚进入商场大门就遇见了一位坐轮椅的爷爷和推着轮椅的奶奶，再加上一位六七岁的小孙女。看到他们三人一同从商场里出来，我便顺手拉开了商场的门，以方便他们出来。没想到，这小小的举动竟然得到他们三人的一一道谢，这反倒令我不好意思起来。

记忆在飞速旋转，这种受人尊重与感谢的感觉恍恍惚惚地将我带回了十年前的时光。我想起了我的一个香港学生小洛（化名），他是一个患有先天性心脏病的男孩。他的父亲大约有五十来岁，是香港人。母亲在学校附近住，可能是因为一些证件没有办下来，他不能在香港上学。因为小洛的病情，再加上他的活泼好动，有时在体育课上我会特别关注一下他，我还特地告诉体育老师他的身体情况，以免他发生危险，额外没有太多的照顾。然而小洛的父亲却给我留下了深刻的印象。每次来学校接小洛，他的父亲总是毕恭毕敬地和当时只有二十四五岁的我说话，那态度完全是真诚而礼貌的。最令我印象深刻的是，有一次小洛请假，他的父亲送来了一张用极其复杂的繁体字写的请假条，用词严谨、讲究，而且还是竖着写的。且不说香港的中文教育水平如何，单单从这些小细节方面就可见对祖国传统文化的传承与重视。

后来我到香港访学，真正见到了香港的学校，了解了香港的教育，更加清楚了香港的教育机制。香港的教育非常注重公平，教材自主，他们实行小班化教学制度，教育教学管理非常精细。香港学校的校舍一般不大，学校的硬件设备可能远不及今日的深圳学校。香港教师的教学负担也非常重，一个教师或行政承担的教学任务与社会事务远远超过深圳教师。且不拿一些世界性的教学效果的成绩来做比较，单单从个人的感受来讲，香港的教育确实是有令人学习之处的。

单从人文方面来说，香港非常注重感恩之心与礼仪教育的培养，这不仅可以从他们使用的教材中发现，从上述的两个事例中也可以看出。我认为，在如今非常注重教育的深圳，家长们和老师们用尽了心力让孩子去学习某些本领和技能，或是学习高深的知识，这无可厚非，但别忘了对孩子的感恩之心与礼仪教育的培养！使他们懂得爱护自然、孝敬父母、尊敬师长、友善同辈、感恩一切，这比懂得某个知识点要重要得多。

教育是一种崇高的信仰与使命，这样一种信仰与使命会让生命上升至另一个高度。

始兴之行

始兴之行系列一：始兴之美

我想象中的始兴是一座贫困的小城，但来到始兴，方才知道始兴是一座多么美好的小城。短短的六天始兴之行，那里的山水、风土、人情，成了我人生教育旅程中一道美丽的回忆。

一、墨江

清晨，在薄雾中，我沿着石道漫步在墨江边，晨练的老人，悠扬的音乐，清新的空气，一切都充满诗意。走在轻轻的风里，心变得沉静。墨江是始兴这座千年古城最好的见证。后几日，天天下雨，墨江虽然夹杂着四处而来的黄黄的支流水，可它依然在静默里不紧不慢地流淌。容纳千古，容纳风雨，容纳一切的污秽和纯净。

墨江就像一位老人，仿佛在诉说着一个又一个古老的故事。无论谁站在江边，都会拥有一种容纳万物的胸怀。这不禁使我想起自己公开课后，老师们的评课和分析，在短短一节课中，我收获颇多。我想说："谢谢你们的谦逊；谢谢你们的包容；谢谢你们的肯定；也谢谢你们的建议！"也许，来到始兴，我们也开始感受到了墨江的大气，也开始深深体会到了墨江的谦逊与平和。

二、稻田

是谁在春寒料峭的季节里播种？是谁在炎热的夏季里施肥？是谁在金秋十月里收获？又是谁在冬天里光秃秃的田野间尽情地奔跑？在这秋风徐徐的十月，在这片宁静的土地上，留下了我们匆匆而过的步履。我们也似乎看见一棵又一棵的幼苗，迎着风、迎着雨、迎着阳光，在朝雾中、在雨露中，茁壮成长，我们仿佛看到农人在播种、在施肥，在收获。

置身在稻田边上，我们也好像看到一个又一个勤劳的始兴的教育工作者，在经济相对落后的条件下，辛勤地培育着祖国的幼苗，克服种种困难，送走了一批又一批优秀的孩子，又迎来了一批又一批需要关怀和爱的留守儿童。稻田是收获的地方，也是充满希望的地方。然而，只要有苗，我们的稻田就永远充满希望。因为我们的农人还在，我们对教育的赤诚之心还在！因为这些，我们的始兴教育就会永远生机勃勃！

三、桂花

就在我们来到始兴的第三天，始兴的桂花仿佛和我们约好了似的，竞相绽放散发着清香。打开房门，满是浓浓的桂花香；走在路边，满是浓浓的桂花香；来到学校，满是浓浓的桂花香；去到庄园，依然是浓浓的桂花香。始兴，这座处处种着桂花的小城，也许不如北京那样，拥有厚重的文化；也许不如深圳那样，到处矗立着高楼大厦，可是它却是那样的亲切，使人不得不安静下来，不得不沉醉在桂花香里。

据挂职学校的郑校长介绍，我们挂职所在的城南衍屏中心小学，是用革命烈士郑衍屏同志的名字来命名的，而且也是由一位香港爱心人士捐赠的。

在这所学校里，有两处最令我感动。一处是墙壁上挂着郑衍屏同志的画像，旁边是他的英雄事迹；另一处是立在墙上的三行大字：树爱国之心，尽爱国之责，行爱国之举。是的，有国才有家，有家才能有更好的教育。教育之繁荣昌盛，必然建立在祖国的繁荣昌盛之上。每个教育工作者，首先应该是一位赤诚的爱国者。

也许我们的生命都如桂的花瓣那样小、那样普通，但是再小的花朵，也可以璀璨，也可以馥郁，也可以在人们心中留有永久的芳香。

四、醇酒

香香的杨梅酒，浓浓的客家情。从来到始兴的第一天到最后一天，我们都深深感受到始兴人的纯朴与热情。

每一天学校领导都亲自接送，热情周到地帮助我们安排工作，邀我们到他们家里做客，与我们举杯对饮，请我们品尝他亲手做的美味佳肴，那份盛意、真诚以及他们的为人处世都让我们感触颇深。

上完公开课后，孩子们成了我们的朋友，成了我们的"粉丝"。但其实我们从孩子们身上，见证了许多的美好。他们的纯朴和自强，他们的友好和善良，他们的真诚和微笑，都深深印在我们的心底。

始兴那些勤劳质朴的教师们，也许比我们付出更多的心血，却拿着微薄的薪水，可是他们知足而快乐，虚心而好学。更难能可贵的是，他们有许多教师对电子白板的使用，已经是非常非常娴熟了。相比之下，我们虽然在很多方面有优势，但是我们亦有自身的不足。发现别人的优点并加以发扬，发现别人的缺点并帮助改正，这正如孔子所说："友直，友谅，友多闻，益矣。"也许，这种友谊才是真正的友谊，这也是我们始兴之行的真正意义。愿宝安教育和始兴教育的友谊也如同醇酒一样香浓！

五、思索

短短几天，已湮没在时间的滔滔江水中。但是，那些回忆，一定是河水上闪着金光的波浪。静心沉思，我们不难发现：

不管在哪里，孩子们眼中对知识的渴求是一样的；

不管在哪里，孩子们的纯朴和智慧是可以相通的；

不管在哪里，教师们对待工作认真负责的态度是一样的；

不管在哪里，教师们对自身的高要求是可以感应的；

不管在哪里，只要我们是拥有着一颗赤诚之心的教育工作者，我们都可以拥有属于自己的那份辉煌！

城市的文化、历史有区别；地方的风俗、人情有差异；每个地方的经济发展有先后，但是只要我们怀着对祖国教育的美好期待之心，并在自己平凡的岗位上履行好我们的职责，那就是热爱祖国教育最好的行动！

在城市，在乡村，在中国大地的每个角落，我衷心期待着：教育之花，处处绽放最美丽的光彩！

始兴之行系列二：始兴之忆

让我们一起坐在桂花树下，静静品茶，看花朵绽放，感似水年华。

我坐在桂花树下，思绪飞扬。在始兴的挂职期间，整个始兴城都浸润在桂花的清香里。清晨，我们在墨江蒙蒙的细雾中散步，感受小城的安逸与美好。最令我难忘的是郑校长的热情招待，记得在车开到郑校长的家门口时，几棵高大的桂花树正开得茂盛，夜色中，我们仍然可以看得见它们米白色的小花朵，密密匝匝。看到那满树美丽而散发芳香的桂花，我们也顾不上大黄狗了，直接往树下飞奔。郑校长陪着我们看桂花树，看自己种的葡萄藤爬上了小架。郑校长是始兴教育界的令人敬佩的校长，他言语不多，低调而朴素，热情却又有度。我虽了解郑校长不多，但从几天的相处里，我感受到了一种纯正的教育情怀，那就是：教育，需要坐在桂花树下。

后来我又回到了自己的工作岗位上，又走进了孩子们当中。每个工作的日子都是忙碌充实并快乐的。在一堆堆如山的作业本里，我能感受到孩子们的认真与对学习的热忱，在一件又一件的小事当中去感受同事们的努力与对工作的尽责。然而，语文课堂上才是我最开心和快乐的时候。孩子们的点滴进步，孩子们的纯真笑靥，孩子们的朴素开朗，在我心中如花般朵朵绽放。在阅读一行行文字当中，我和孩子们都成了"书虫"；在书写一行行文字之时，我们又成了"作家"。书声琅琅，思绪飞扬。语文课堂，也需要坐在桂花树下。

几年前，我成了母亲，做了一名普通的妈妈。女儿渐渐长大，从一个胖乎乎的小婴儿，慢慢变成了会调皮捣蛋的小女孩。从她咿呀学语，到如今的伶牙俐齿；从一个乖乖娃，到如今的小可爱。每一刻，每一日，每一年，她都在飞速成长。我最近总是号召全家人，为女儿读书、念故事，那是因为受了《朗读手册》的影响。而且不单单如此，在近年来飞速阅读的许多书本中，我明白了一个朴素的真理：人要与书为友，与文字相伴。在尘世间，我们能留给后代的东西并不多。金钱可以让孩子更富足，但也有可能造成孩子懒惰，而文字却可以一直存放，影响一代又一代。晚上，无论多累，我也要为她读书，她无论有多累，也眨着眼睛要听我读完才肯睡去。昨晚，她还边听边拿着小尺子小铅笔在纸上画线，非常认真！她在我们身边乱跑，偶尔也发发小脾气。但身为母亲，就该温柔地接受孩子的种种优点与不足，并帮助她扬长避短。是的，做一名母亲，也需要坐在桂花树下。

坐在桂花树下，让心沉寂，我们安然而幸福地慢慢品味人生的这杯茶，静静享受当下美丽的年华。教育，需要坐在桂花树下！

长沙之行

——2016年宝安区小学语文教师、数学教师素养提升研修班总结

教育，是一种遇见。初夏的长沙分外美丽。岳麓山上，树木青翠欲滴，莺歌燕舞。岳麓书院风景如画，游人如织，透着浓浓的湖湘文化。湘江两旁，洁白的广玉兰花正在盛放，清香四溢。2016年5月29日，由区教科培中心李龙老师、唐宝成老师带队的小学语文、小学数学教师素养提升研修班在美丽的湖南长沙开课了。全体学员身处湖南师范大学的校园里，满怀激情，分外珍惜本次学习机会，开启了为期一周的学习之旅。本次学习共有学员49人，包括了语文教师与数学教师，培训时间为5月29日—6月4日。

鉴于此次研修班由语、数教师组成，区教科培领导与湖南师范大学教育科学学院精心商定了如下的课程：九次讲座，两次实地考察学习。讲座内容为《新课程与新媒体下的小学语文教学过程设计》《教师形象塑造与学校礼仪》《校本课程建设》《教学述事与反思》《湖湘文化探究》《课堂教学用语的文化立场》《语言文字品味》《小学数学与生活整合，构建双赢课堂的实践研究》《教育者的师德情怀》；两次实地考察为参观曾国藩故居并进行师德分享，参观湖南师范附属小学并进行听评课。在七天的学习过程中，两位领队老师以身作则，令人钦佩，为其他学员树立了良好的榜样。学员们能够认真听讲，勤做笔记，积极发言，虚心求教，大胆质疑，及时反思。经过一周的学习，大家受益匪浅。

张青教授在《新课程与新媒体下的小学语文教学过程设计》讲座中指出了当下人们在新课程与新媒体认识上的一种误区，告知大家新媒体只是辅助课程教学的一种工具，而非主旋律。他通过事例，指出中国与美国教育在课程设计上的差异。他希望当下的教师能在课程设计中增加难度，拓宽思路。他特别希望教师能在教学中设计出"好的问题"，通过有价值的问题引导学生积极思考。他的讲座在当今各种课改盛行的教学环境下，有拨云见日之功效，令学

员们茅塞顿开。苏巧如教授在《教师形象塑造与学校礼仪》中以良好的精神面貌，现身说法，用自己的亲身经历告诉学员们如何修炼教师个人魅力，如何与他人进行良好沟通，如何做一名健康美丽的教师。她的讲座深入浅出，富有强烈的感染力，现场掌声雷动。刘旭教授则在《校本课程建设》的讲座中指出了校本课程的重要性，详细解释了校本课程的概念，并呼吁广大教师都要成为课程的主人。胡海义教授引用了钱基博先生在《近百年湖南学风·导言》中的叙述，开始了《湖湘文化探究》的讲座。他在讲座中讲解了湖湘文化的起源、形成与湖湘人民有"独立自由之思想，坚强不磨之志节"。另外几位教授则分别在各自的讲座中表达了自己对教育教学的所思所想所行，深入的讲解，真诚的沟通，令学员们对教育教学有了新的思考与认识。通过几天的学习，有以下几点思考，特分享如下。

一、"继承"与"创新"，二者并行

继承与创新，应是教育永恒的主题。不管是在工作中还是学习中，广大教师都应当站在国家与民族发展的角度上，肩负起塑造民族灵魂之重担。教师工作看似平凡，却是一项影响民族发展、国家命运的重要工作。它不单单事关学生个体的前途与未来，也关乎千千万万个家庭的幸福与和谐。因此，在教育中，教师要继承中国优秀的传统文化，引导学生了解与认识本民族的优秀文化。同时，广大教师也要善于学习外国优秀思想家、教育家的优秀教学思想，站在历史的高度来看待当今教育的现状，分析当今教育的形势，让自己的教育教学工作真正做到"面向世界、面向未来、面向现代化"。这就要求教师要在工作中积极开动脑筋，大胆创新，摸清教学规律，寻找新的教育方法，创造新的教学课程，形成独特有效的教学体系，真正落实素质教育，以求为学生、家庭、学校乃至社会带来积极的影响与贡献。

二、"博观"与"约取"，缺一不可

教师一定要有"博观"与"约取"的意识。唐宝成老师在本次研修总结发言中提到，教师要"自辟蹊径，不为古学所诱，不为今学所惑"。因此，教师要"博观"，更要学会"约取"。在个人学习中，我们应该不盲目接受古人观点，也不盲目崇拜当今各种学说，而是应该努力汲取古人智慧的精华，有甄别地选择当今学说中真正符合教育规律、真正适合个人需要的观点。如在本次学习中，我参观了岳麓书院，学习了王九溪先生的"读经六法"——正义、通义、余义、疑义、异义、辨义，"读史六法"——记事实、玩书法、原治乱、考时势、论心术、取议论。仔细思之，这种学习方法至今还有借鉴意义。又如在各种教育学说流行的当下，我们要进行仔细区分，哪些学说只是流于形式，哪些观点才真正符合学生发展需要。教师既要虚心好学，博览群书以求人类智慧之精华，走访各地遍寻人类文明之踪迹，还要善于区别善恶美丑，寻求真知灼见，为学生的智慧学习创造良好的素材与条件。

三、"学习"与"教学"，密不可分

不管是长沙的教师，还是同行的学员，都是非常爱学习的，也是非常善于学习与反思的。的确，学习与教学，是密不可分的。在信息量高速增长的当今社会，教师必须学习做一个全能型教师，这样才能满足教学的需要。首先，教师要勤于阅读与善于写作，努力做到高质量读书，高质量写作，做一个科研型的教师。在本次学习中，长沙砂子塘湘天小学年轻的徐幸操校长给大家留下了深刻的印象。徐校长自幼学习音乐，后来从事了语文教学工作，从她的讲座里发现她非常热爱写作，教学研究能力也令在座教师赞赏。从徐校长的讲座中我们可以发现，她的成长与优秀是与爱读书、爱写作分不开的。其次，教师要关注身心健康与交往礼仪，做到与家长、学生友好相处，良性互动。这正如张铁芳教授所提倡的教师一要身心健康，二要家庭和谐，三要尽量充实。同时，她也语重心长地告诫学员们，教师要打通学生的灵魂，找到通向学生灵魂的通道。因此，教师不仅要学习专业知识，而且要学会"通心"的艺术。最后，教师还要努力学习各种本领，成为"通才"，保持广泛的兴趣与爱好，拥有除了教学之外的幸福人生。因为只有善于学习与反思的教师，才能带给学生智慧；只有拥有健康和幸福的教师，才能带给学生幸福和快乐；只有多才多艺的教师，才能培育出才华横溢的学生。

长沙的研修学习，让我深深感悟到：教育，应当是一种遇见。前联合国秘书长潘基文说："人类，应该将最美好的东西赋予儿童。"那么，我们应该让儿童遇见什么呢？最后，谨以一诗，与各位同仁共勉。

教育，是一种遇见

有人说，让孩子遇见美丽的诗歌；

有人说，让孩子遇见温暖的阳光；

有人说，让孩子遇见崇高的情怀；

有人说，让孩子遇见智慧的文化。

……

让孩子遇见诗歌的，孩子的心里就种了一颗诗歌的种子；

让孩子遇见阳光的，孩子的心里就种了一颗阳光的种子；

让孩子遇见崇高的，孩子的心里就种了一颗崇高的种子；

让孩子遇见智慧的，孩子的心里就种了一颗智慧的种子。

……

陪伴孩子成长的人们啊，

请在让孩子遇见诗歌之前，自己先遇见诗歌，成为诗歌；

请在让孩子遇见阳光之前，自己先遇见阳光，成为阳光；

请在让孩子遇见崇高之前，自己先遇见崇高，成为崇高；

请在让孩子遇见智慧之前，自己先遇见智慧，成为智慧。

让孩子遇见什么，自己先努力成为什么。

让孩子遇见什么，孩子就可能成为什么。

青海之行

假期行走在青藏高原上，我一边考察学习，一边感受天地之辽阔，生命之壮美。

这的确是暑期里的一件美事。现将这几日的历程记录下来作为纪念。

一、参悟生命

在机场等待了近6个小时之后，飞机才起飞，飞往青海的省会——西宁。在漫长的等待中，我翻阅了李开复的《向死而生》。此书写了他与病魔斗争的前前后后，令我深感共鸣。去年此时，我也大病了一场，住进了医院。躺在医院的病床上，我开始参悟人生，包括生死。正如李开复所写："在疾病面前，人人平等，其实在一切事情面前，人人平等。"生命是多么神圣同时又是多么脆弱的存在！李开复的心路历程，我能感同身受。我虽然没有受到他那样的折磨，但能感受到病魔曾多么狰狞地向我招手。因此，我很赞同李开复的话："身体上的小事，都是大事。反而言之，身体之外的大事都是小事！""生命，生命，何其美好，何其脆弱！只要健康还在，生命仍可延续，一切都可以重来；但如果生命不在，一切化为虚无，什么都消失殆尽。"

每个人的生命都很珍贵，都值得珍惜。但其他的生命呢？

在飞机上，我遇到了一位老乡，是一位小企业家，比我大五岁。我们开始闲聊，她告诉我近几年她每年都要去青海一趟，是作为义工代表慈善机构去给贫困学校捐款的，此行就是为了给玉树的一间学校捐赠费用的。是的，生命的意义在于通过努力去有所获得，更在于在自己有所获得后去回馈于这个社会。与这位老乡相谈甚欢，她给我讲述她为何要一次又一次去青海：不单单为了做慈善，而是这个地方深深震撼了她的心灵。这其中有两件事让她记忆犹新：一是她第一次来青海时，看到很多人在公路上拿起扫帚扫地，她不解地问导游，导游告诉她："这是人们在扫公路上的小石头，怕是来往的车辆压到石头后会弄坏车轮。"她半信半疑，后来忍不住拉了扫地的路人来问个究竟，路人告诉她："他们根本不是扫石子，而是扫爬到公路上的毛毛虫，怕来往的车辆压死毛毛虫，所以他们将爬到公路上的毛毛虫扫进桶子里，然后再将毛毛虫倒在离公路很远的草原深处。"这么美丽的故事，这么感人的理由，她被深深震撼了，我也被深深震撼了。二是她感慨于当地人们的信仰之崇高。当地的少数民族不吃肉，不吃天上飞的鸟雀等动物，也不吃水中游的鱼儿等其他小动物。当地有习俗，每年每家都会放生牦牛，并且会在牦牛的头上绑上特殊的布条，作为放生的标志。人们看到这种带有特殊标志的野牦牛，是绝对不会抓来宰杀和卖掉的。

　　我听后心生感动，对生命的尊重，已然不单单是人类，理应扩大到整个生物界。对生命的爱护，理应更加广阔。同为地球上的生物，都有权利生存，也都值得爱护与尊重。

二、感受壮美

　　七月的青海是旅游的圣地。这几日，我们游览了青海湖、茶卡盐湖、达玉部落、祁连卓尔山、门源的油菜花海、西宁的塔尔寺，路遇草原、沙漠，既有一路的欢歌笑语，也有一路的担惊受怕。然而，那份美丽依然还在眼前，那份虔诚依然升起于心中。

　　青海湖在中国非常有名，它犹如高原上的一颗明珠，镶嵌在草原的边上。远望青海湖，它是湛蓝湛蓝的一片，像一片美丽的海域。近看青海湖，它泛着白白的波纹，躲藏在一片又一片金黄色的油菜花之中，既美丽又庄严。青海湖又名七彩湖，它会根据天气的变化而改变自己的颜色，在蓝天下呈蓝色，在阴天里呈白色，有时它又会变成绿色，让人捉摸不透。冬天里它会结冰，到了暖和的四月份，它会融化。最有意思的是它的融化方式，有时候它会"文破冰"，暖和的风吹来，第一天还结着冰，第二天就倏地悄悄地化成水了；有时候它会"武破冰"，天气渐渐暖和的某一天，冰块破了，大冰块挤着小冰块，小冰块挤着更小的冰块，你挤着我，我挤着你，湖里大冰块与小冰块碰撞的声音格外响亮，用自己的"武力"告诉着远处的人们，我们要融化了，那声音震天的响。非常有趣！

　　茶卡盐湖坐落于柴达木盆地上。柴达木盆地不仅出产黑枸杞，还拥有盐湖。茶卡盐湖就是其中的一个盐湖。盐湖，顾名思义就是含有盐的湖。茶卡盐湖里不仅拥有大量的可食用盐，旁边还拥有雪山美景。它被称为"天空之境"，倒映着白云、雪山，宁静而优美，丰富而不张狂，它安然伫立，给前去观赏它的人们留下了美丽的身影。

达玉部落具有浓浓的草原风情。仓央嘉措的情诗，草原上的青草野花，飘动的彩色经幡，洁白的蒙古包，远处的沙漠，给人们留下无穷的遐想。

祁连卓尔山绝对是人间仙境。它拥有神秘莫测的雪山，一会儿雪山露出它纯净的脸，一会儿又如同少女般用雾作为面纱，轻轻遮挡它的脸颊。它拥有大片大片的油菜花，还有一大块一大块的青稞地，在油菜花与青稞地的交错之中，构成了一幅幅美丽的画卷。天空如此干净，大地如此广阔。让人陶醉，让人流连忘返。

门源的油菜花海更是大气。它被称为世界十大花海之一。单独的油菜花也许很普通，但成片成片像海一样广阔的油菜花地，足以征服人们的眼睛与心灵。心情随着油菜花海而灿烂，芬芳从油菜花上一直飘散到心灵深处。

一路美景无限。路过草原，草原上的繁花一直铺到草原深处。黄的花、紫的花、红的花、白的花，像无边的美丽花毯子，令人驻足。白色的绵羊，黑色的牦牛，是移动的大花，一直铺到草原尽头。调皮的羊群翻山越岭，寻找着最鲜甜的野草。力大的牦牛，跑到公路中间，阻挡着人们的道路。名贵的冬虫夏草，藏在草原的深处，引得人们去寻找挖掘。可爱的黄色蘑菇，夹杂在草地当中，等待着人们去发现、去采撷。河流在草原上蜿蜒而过，路遇急雨，夹杂着冰雹而来；又遇艳阳，把雨后的草原照得特别明媚。歌声在公路两旁飘扬。

景美人欢。有人欢呼雀跃，只因那草原美景。有人突然晕倒，只因那高原反应。美景虽美，但犹如美酒一般不能贪多，好走动的人们会头痛，好激动的人们会晕厥，这恐怕也是雪域高原送给人们的一份特殊的"小礼物"吧！

三、心生崇敬

走过青海的人们一定会心生崇敬，这种崇敬与风景有关，也与人文有关。青海最有名的人文景观要数佛教圣地塔尔寺了。塔尔寺，位于青海省湟中县，是我国藏传佛教的四大中心之一，藏传佛教格鲁派的六大寺院之一，也是青海省首屈一指的名胜古迹和全国重点文物保护单位。全寺占地面积45万平方米。塔尔寺古建殿宇雄伟壮观，文物珍品琳琅满目，古籍书浩如烟海，艺术三绝（壁画、堆绣、酥油花）异彩纷呈。

给我们讲解的导游名叫孙宗亲，又叫格桑，他是塔尔寺讲解水平数一数二的导游。在近三个小时的游览中，大家都深深折服于他精彩而又热情的讲解。从堆绣图到六道轮回图，再结合当今时代的各种现象，令在场的诸多人们深深感动，潸然泪下。人生与教育都是一场修行，人们在追求物质财富的同时，一定要追求精神的富足；教师在教育他人同时，也要不断锻造自己的品行。因为真正的快乐与幸福，往往更青睐精神富足的人们；因为真正成功的教育与教学的过程，一定是师生生命共同成长的过程。

生命，不单单是索取，而更应当是奉献。

教育，不单单是奉献，也应当有智慧沉淀。

历史的长河终究会淹没人们的脚印，但通过身体的行走，人们在大地上留下足迹；通过心灵的行走，人们在历史中留下辉煌的一笔。此生如此，也可足矣。

3 »

第三篇

专业思考

——在温暖的阳光中制造养分

教者，水也

教者，水也。

教者，你纯洁如露珠。清晨时，你是山涧那最纯洁的一滴。在花朵上、小草间、嫩芽缝里、树叶尖上，在每一个能盛水珠的角落，你都晶莹闪烁，不带一丝杂质，心灵如天使般洁净。

教者，你静默如细雨。无声无息，不管黑夜抑或白昼，你默默而洒。别人知道也好，别人未知也罢。你总是凭心而洒，不曾有半点保留。滋润万物而没有声音。

教者，你温柔如小溪。涓涓细流，蜿蜒流畅，穿越高山，穿越悬崖，穿越峭壁，穿越草地，你静静地、悄悄地、温柔细致地轻轻流到每个孩子的心田。

教者，你热情若江河。一路飞奔，迎风引吭，你用热情播种智慧，带领着孩子们一路奔向大海，探索人生的意义，寻求生命的智慧。无怨无悔，从不回头。

教者，你安然如湖泊。静静而立，与大地相伴。不羡慕花朵的鲜艳，不留恋高山的雄伟，不贪慕大树的安逸，你安然宁静，悄然伫立。小鱼儿在你的怀抱里追尾嬉戏，荷花在你的臂弯里灿烂绽放。而你，却总是那样谦逊，不带一点儿傲气。

教者，你宽广似大海。你的胸怀可以与天空媲美，只因你学会了包容。你原谅人们的打扰，真心喜欢着人们溅起的水花；你原谅帆船的唐突，它无意画出的波纹，你总是轻轻地、毫无怨言地把它抹平；你原谅小鱼儿们的无理取闹，就像母亲原谅孩子们那样，没有过多理由。

教者，水也。如水纯洁，如水静默，如水温柔，如水安然，如水宽广。

新时代教师的几项修炼

时代在召唤，时间在奔流。教师，进入了一个全新的时代。作为一个处在当今社会的教师，不论是社会、学校，还是家庭，都对教师提出了新的要求。教师该从哪些方面"修炼"自己呢？

一、教师要具有海的容量

作为一名新时代的教师，处在信息化社会，经济快速增长，人民生活水平日益提高，社会飞速变化。同时，家庭、学校、学生都在发生巨大的变化。教师，必须要有大容量，能容天下事，能容身边人。作为一名现代教师，既要仰望星空，也要脚踏实地，接纳生命中的真、善、美，同时也要包容世上的假、丑、恶，并尽量将假、丑、恶变成真、善、美。

1. 教师要懂得包容学生

每个生命都值得尊重。懂得包容每个学生，是教师必备的一种胸怀与气度。小学生是未成年人，身体正处在不断生长发育的时期，每天对于孩子来说都非常珍贵。他们的心理还非常稚嫩，不仅容易犯错，而且容易受到伤害。因此，作为教师，应当理智地看待每个学生的错误，科学地对待每个学生的问题，并且智慧地处理好与每个学生的关系。包容学生，既是对教师自身生命的一种尊重与保护，也是对学生稚嫩生命的一种尊重与保护。

2. 教师要懂得接纳家长

教师是学生生命中的奠基人，也是学生生命的引路者，但学生生命中最重要的老师应该是家长。教师工作的成败，不单单取决于学生的各项表现，还取决于与家长的沟通和相处。随着人民生活水平的日益提高，社会信息量的增大，可供家长学习的平台越来越多，家长的素质在不断提高，家长的维权意识在不断增强。因此，家长对教师的要求也越来越高。同时，会有形形色色的家长，他们拥有不同的职业、不同的学历、不同的生活背景、不同的个人修养、不同的性格，教师在与不同的家长相处时，必然会出现各种各样的问题。作为教师，一定要具有接纳之心，接纳不同类型的家长，向优秀家长学习，对需要帮助的家长要给予真诚的帮助。同时，教师要特别注意沟通的艺术，这对学生的教育与教学工作，会起到事半功倍的效果。

3. 教师要懂得接受任务

一个学校的发展离不开教师的努力。同时，一个教师的成长也离不开学校的培养。作为教师，不但要能够包容学生，接纳家长，而且要懂得与学校领导、同事相处，虚心向领导与同事学习，学人之长，容人之短，不断传播正能量。这样，教师在职业生涯中，会更有幸福感与成就感。

作为教师，不单单要学会容人，也要学会容事。"教育无小事。"教师工作是一项极其烦琐、复杂的工作。教师每天要面对大量的工作，要懂得如何接受学校里的各种任务，正确处理好工作与生活、家庭之间的关系。学校安排的每项工作，都是经过教育教研部门以及学校领导精心考虑过的。因此，教师面对各类工作任务时，与其在抱怨中浪费时间，不如合理安排好时间，努力去完成各项任务。一个优秀的教师，不单单要有高智商、高情商，还要具备高效能。这样，无论是对社会要求、学校发展，还是个人成长，都是大有裨益的。

二、教师要追求海量的知识

早已经过了"要教给孩子一滴水，自己必须有一桶水"的年代了，在这个信息量铺天盖地的互联网世界中，谁没有个几桶水？不说家长，现在的每个孩子都不容小觑，你若是不相信，没准他哪天就给你来个"下马威"！教师该怎样追求"海量的知识"呢？

1. 善于学习

（1）善于向书本学习

书籍是人类智慧的结晶。一本好书，必定是经历了时间的洗礼，经过了一代又一代人的检验的。有人说，教师应该是以读书为生的一种职业。社会在飞速发展，知识在不断更新。教师需要不断地完善自我，就必须通过读书来丰富自己的内在知识，从而具有良好的专业素养和高尚的智慧、情操。作为"人类灵魂的工程师"，教师只有成为"通才"，才能适应当今社会发展的步伐，才能为国家、为社会培养出更全面的综合型人才奠定基础。

（2）善于向身边人学习

教师必须善于学习。曹雪芹在《红楼梦》中写道："世事留心皆学问，人情练达即文章。"教师要善于向周围的人学习，要随时像一块海绵一样善于汲取身边的水源，充实自己的内在。《晏子春秋·内篇问下》写道："先君能以人之长续其短，以人之厚补其薄。"教师要学习高超的管理艺术，学习精湛的教学技巧，学习天真的奇妙思维，并将学习到的知识运用到工作实践当中，长久坚持，必定会取得很好的效果。

（3）善于利用现代化设备来学习

教师应当有良好的学习方式与学习习惯，同时也要与时俱进，接纳社会中的新鲜事物。社会在发展，教师利用现代化设备来学习，会使学习更加方便、快捷、有效。教师可以利用电脑、手机来学习，可以通过各类优秀的教育教学网站来寻找有用的教学资源，可以通过下载电子书籍来丰富自己的大脑与生活，可以通过接收微信来了解世界最新信息。通过现代化设备来学习，教师接受的信息量更大，接受信息的速度更快，学习的效率也会更高。

2. 善用时间

教师平时的工作非常琐碎，学校有大量的工作，天真活泼的学生也会产生很多的问题。教师的时间是非常宝贵的，既要用于教育学生，又要用于家庭生活，还要用于个人成长。有人说，一个人的成败就看他是否能够合理运用时间。一个教师的工作成就取决于他对时间的充分利用情况。

《高效能人士的七个习惯》一书中提出了效能的第一大习惯就是"要事第一"。教师也可以树立"要事第一"的观念，将每一年、每一月、每一周、每一日的重要的事情罗列出来，并进行科学分类，把重要且紧急的事情安排在首位来做，这样可以取得更大的成效。同时，教师也要善于利用"零碎时间"。看似不经意的"零碎时间"，其实可以完成很多的事情。如等汽车、等电梯，甚至是开会的前几分钟都可以用来看书，学生下课时可以用一两分钟来找学生谈话，将别人很难察觉的"零碎时间"拼凑起来，日积月累，就是一笔不小的时间财富。

3. 善于反思

教师的职业是流动性的，这要求教师必须有着高超的教育智慧。教师要善于观察学生的情况，要善于处理学生的问题，要善于捕捉恰当的教育时机，因此教师必须善于反思。

那怎样"反思"呢？教师对课堂教学要及时反思，将课堂上的成败得失记录下来，很快就能发现自己在教学中的优势与劣势。教师对教学语言也要及时反思，《增广贤文》中写道："良言一句三冬暖，恶词伤人六月寒。"教师在对学生进行思想教育时，一定要谨慎地使用教育语言，一句有效的鼓励的话语会让学生终身铭记与感激；相反，一句消极的伤心的话语会让学生终身痛恨与伤心。

教师可以通过日记、随笔、博客、微信的方式随时随地地记录下自己的教育生活，这对工作来讲会有很大的促进，于生活来说，这是一份珍贵的回忆。

三、教师需要有海的深度

教师也应如海一般，大多时候要风平浪静，从海面升起一轮皎皎明月，让人赏心悦目；偶尔也应该下下骤雨、刮刮急风，让人们明白海的神秘莫测与巨大的气势。生活需要改变，有阳光有暴雨的日子才是丰富多彩的日子，若是日日晴天，世间定会少了诸多乐趣。教育同样需要变化，教师需要有海的深度。

1. 让班主任工作富有深度

班主任工作是学校一项非常重要的工作，它直接影响着一个班级孩子的身心成长、学习生活。班主任工作应当有一定的深度。班主任既要富有爱心、耐心，又要运用智慧进行民主管理。前联合国秘书长潘基文曾向各国领导人呼吁："要为我们的孩子和他们的未来着想，高瞻远瞩、兑现承诺。"同理，班主任也要拓展视野，目光深远，用国际化的标准来培养学生，立足现在，放眼未来，立足中国，放眼世界。培养良好的中国公民，培养优秀的世界公民。

2. 让教学工作富有深度

语文特级教师于漪曾说过："每一堂课都会影响学生的生命质量。"教学工作是教师的一项非常重要的工作。一个优秀的专业教师，一定要有深厚的专业教学功底、扎实的教学基本功、精练的教学语言、高超的教学技巧，在每一堂课里，或带给学生深深的感动，或带给学生久久的思索，或留给学生美好的回味。著名语文特级教师窦桂梅老师曾说过："课堂要有温度、广度与深度。"一节好课，教师必然能听到学生生命拔节的声音，激荡灵魂，将真、善、美的种子，播撒在学生的心间，植根于学生的灵魂深处。

3. 让职业规划富有深度

《礼记·中庸》曾写道："凡事预则立，不预则废。"作为新时代的教师，除了教书育人之外，一定要重视自身的成长。一个教师的成长不单单属于个人，属于学校，更属于社会。不论处在哪一个时代，教师肩负的时代使命都是非常重要的，教师水平的高低直接影响着国家与民族教育水平的高低。教师应当给自己做好职业规划。有了清楚的职业规划，教师就有了奋斗的动力；有了奋斗的动力，就有了努力的行动；有了努力的行动，就更加能够取得令人瞩目的教学成就。

海的容量、海量知识、海的深度——新时代教师的三项修养。"千里之行，始于足下。"——那些看似遥远的路啊，其实只是每一步不断跨越的累加。愿在教育之路上，与各位同仁共勉！

工作着，幸福着

——"幸福工作"讲座稿

尊敬的各位同仁：

大家好！幸福是什么？

幸福是一架秋千，上面荡着的是快乐。

幸福是一串泡泡，里面藏着的是笑脸。

幸福是一根绿藤，牵着的是无限希望。

幸福是一棵大树，长出的是累累果实。

幸福有许多种模样，每个人的心中都有自己的定义。今天，我也与大家来分享我的幸福感言：工作着，幸福着。

一、在失去时体会珍贵

我还清楚地记得2003年发生的一件事。当时我担任两个班的语文教学工作，并兼任一个班的班主任。在繁重的工作任务下，我有时想："如果我病倒就好了，就不用担任这么重的任务了！"老天爷仿佛知道了我的心思。在11月的一天，我从楼梯上摔了下来，造成了腰椎骨折。虽然伤势不太严重，但是医生嘱托我休息三个月。三个月！老天爷遂了我的愿，让我有了休息的机会，不用上班了。可是当我躺在床上不能动弹时，看着孩子们在校园里嬉戏奔跑，想起学校领导、同事、家长的关切眼神，我却快乐不起来了。与我搭班的邹妮丽老师领着学生三番五次地到宿舍看我，孩子们的笑脸是多么纯真可爱。班上的一位学生家长是位中医，不仅送来草药，还主动上门给我做按摩。感受着真诚的关爱，我的心一次又一次地被感动了。炎热的教室、堆积如山的作业、调皮捣蛋的孩子，在顷刻之间都变得那么可亲、可爱。我是多么迫切地希望我能站起来，回到孩子中间去，回到领导、同事们身边去。可是，当时的我只能躺在病床上，别说是走到阳台，哪怕是轻轻挪动脚步都是奢望。

我终于深深地体会到：工作着是美丽的，工作着就是快乐的。只要活着，生命就是幸福的；只要身体是健康的，生命就是幸运的。也许正验证了那句话：失去过，才懂得珍惜。离开了工作岗位，我才知道工作的重要。

二、在成长中感受甜美

我记忆最深的是2007年10月，当时区教研员唐宝成老师到学校听我的课。唐老师听完课后，非常荣幸的是，他让我观摩另一位语文老师的"同课异构"，并与全国著名特级教师窦桂梅老师一起给全区的语文老师们上教学公开课。为了让我上好这一节课，唐老师还邀请了市语文教研员赵志祥老师一起给我做辅导。虽然我的课不及窦桂梅老师的那般精彩，但在此次活动中，唐宝成老师对学术的严谨认真，赵志祥老师的真诚坦率，还有从他们身上所透露出来的对语文教学的高度热爱和满腔热情，都让我心生敬佩。教完公开课后，我也听到了自己内心的声音：要做一名合格而优秀的语文教师！从那时起，我就开始严格要求自己，努力成长，不敢再有丝毫自满之心。也是从那时起，我对语文教学的热爱，就如同燃烧着的小火苗，慢慢燎原至我的整个身心。

一次又一次的公开课，让我看到了自身的优点与不足，让我更加深刻地认识了自己，同时我也看到了自身的成长。我渐渐感受到语文的魅力，慢慢地爱上了语文教学研究，改变了对语文教学的肤浅看法。原来，语文教学是一个深邃迷人的世界，是一个智慧广博的世界，是一个芬芳美丽、清香四溢的世界！

非常有幸，今年我被评为福永街道"语文学科带头人"，在此感谢领导和学校同事们对我的认可和鼓励，同时我也会努力把工作做得更完美。不管我是否能成为真正的名师，但至少，我要做一位明智之师，做一名明白之师，做一名明澈之师！也许，我不能在每一年都有很大的收获，但是在自身成长的道路上，在微小的进步中，在点滴的成就中，在诗意缤纷的语文课堂里，我感受到了这份职业带给我的甜美味道。

三、在学习中品尝愉悦

最令我难忘的是去年7月，我参加了宝安区的后备管理干部班的培训学习。在为期近半年的脱产学习中，学校领导大力支持，同事鼎力相助，对此我感激不尽。而在此次学习中，我不但认识了许多才华出众、能力非凡的同龄朋友，而且开阔了视野，加深了对学校教育的认识。同时，我感受到了在深圳、在宝安、在福永这片热土上做一名教师是多么幸福！

在北京，我们曾共登长城，几许豪气，一路欢声笑语，我们一起打拳，教日本游客武术，弘扬国粹。我们也曾同游湖畔，水波漾漾，杨柳依依。几许温馨，虽不似同窗几载，却有了几分兄弟姐妹情谊。联欢会上，大家表演节目，掌声不断，笑靥满堂。在香港，去学校参观，听名校长讲座，逛大小商场，游海洋公园，幸福洒满心田。在始兴，我们品尝香香的杨梅酒，体会浓浓的客家情。

学习回来，我更加懂得要珍惜这份工作，珍惜美丽的校园环境，珍惜与领导、同事共处的缘分，珍惜与孩子们相处时的纯真美好时光。于是，我开始在每日的工作中孜孜不倦，在书籍中上下求索，在随笔中思索人生。没有时间再去和同事闲聊，也没有时间再去计较太多的功名利禄，更没有太多的时间浪费在其他事情当中——有一份如此平凡却又如此崇高的工作就好。我开始潜心学习中国文化，重新阅读外国书籍。在"儒、释、道"传统文化中寻找智慧，在外国作品中感受人性的真、善、美以及人性的其他光辉。我开始涉猎教育学、心理学、文学、哲学以及历史人物传记等各方面的书籍，同时不忘教学专业研究。每一天，无论再忙，我都要抽出时间来看看书、写写文字。在学习中工作，在工作中学习，我感到生命是那么充实且愉悦！

孟子曰："君子有三乐，而王天下不与存焉。父母俱存，兄弟无故，一乐也。仰不愧于天，俯不怍于人，二乐也。得天下英才而教育之，三乐也。"作为一名教师，虽不能尽得天下英才而教之，但身为教者，吾心已足矣。

子曰："朝闻道，夕死可矣。"而吾曰："日行道，生可安矣。"就让我们在平凡的工作岗位上日日磨炼，在幸福与快乐中，用生命和热血，去谱写自己和他人生命中的不朽传奇。

　　祝

身体健康

合家欢乐！

（2012年7月4日）

如何将"传统文化"引入语文课堂

中华文明，泱泱几千年的历史。岁月黄尘，淹没了多少身影；沧海桑田，改变了多少世事。唯有文化，将我们中国人一代又一代的民族精神传承和记录下来。传统文化是中国人民智慧的结晶，是几千年来无数文人志士呕心沥血的创造，蕴含着中华民族的精神。因此，作为中华民族的继承者，我们有必要学习传统文化，了解祖国传统文化；而作为一名语文教师，我们也极有必要引导孩子们通过阅读学习传统文化，传承民族精神。教师学习传统文化，引导学生通过阅读去学习传统文化，已成为当今教育发展形势的迫切需要。因此，我们把传统文化引入语文课堂并把它作为一种经典阅读是非常有必要的。

那么，什么是传统文化呢？

传统文化是文明演化而汇集成的一种反映民族特质和风貌的民族文化，是民族历史上各种思想文化、观念形态的总体表征。中国的传统文化以儒家为内核，还有道教、佛教等文化形态，包括古文、诗、词、曲、赋、民族音乐、民族戏剧、曲艺、书法、对联、灯谜、成语等。

在语文课堂里，教师该如何引入传统文化呢？

在深圳市第7期教育论坛中，赵志祥老师上了一节《对联趣谈》课，妙趣横生，他用自己的课例引导孩子们学习了传统文化。那么，作为一名普通的语文教师，我们该如何引导学生通过阅读去学习传统文化呢？

一、教师努力阅读传统文化书籍，提高自身修养

1. 树立主动观念

在深圳市第7期教育论坛中，苏州大学文学院陈国安博士说："教师是以读书为生的群体。"将这句话推而广之，其实每个人都应该以读书为乐，以读书为生活。但教师，特别是语文教师，更应当让读书贯穿自己的整个人生。这不仅是一种职业需要，也是一种生活需要，更主要的是，我们的生命也需要这

样的智慧。我们想引导学生通过阅读去学习传统文化，自己理应先行。

因此，我们要把被动阅读的态度转化为主动阅读的态度。我们也许离圣贤很远，但是通过学习与努力，我们可以离他们近些、更近些。我们的工作可以因学习而更有效率，我们的生命可以因学习而变得更厚重、更圆满，我们又何乐而不为呢？正如《弟子规》所言："有余力，则学文。"在知识的浩瀚海洋中，我们拥有的往往只是沧海一粟。因此我们真的需要虚心学习，不断进步。

2. 选择优秀书籍

《弟子规》云："非圣书，屏勿视。蔽聪明，坏心志。"因此，教师在阅读的时候就应当有所取舍，挑选适合自己的书籍。

另外，读书还要适合自己的年龄。陈国安博士在报告中指出，不同年龄的人应该读不同的书籍。例如，18岁读诗歌；28岁读散文；38岁读小说；48岁读杂文；58岁读小品文；68岁读戏剧。陈国安博士的建议值得大家去琢磨、思索。

总之，我们要选择适合自己的优秀书籍。

3. 多向智者学习

阅读传统文化的时候，我们常常会有所困惑。因为有很多书籍确实深奥难懂，如《诗经》《易经》等充满智慧但阅读有一定难度的书等。这就需要借助别人的智慧来提升自己。正如《诗经》有云："它山之石，可以攻玉。"我们可以有选择性地听听专家学者是怎样讲授传统文化的，从中取其精华、弃其糟粕。这样，我们在学习传统文化的时候，就能迎刃而解、乐此不疲。

总之，我们自身有一定的修养以后，在平时的教学中才能更好地引导学生通过阅读去学习中国优秀传统文化。

二、引导学生阅读传统文化书籍，拓展阅读视野

1. 推荐经典篇目

适合小学生阅读的经典传统文化书籍有很多，如《论语》《大学》《中庸》《礼记》《孟子》《唐诗三百首》《宋词三百首》《千家诗》《笠翁对韵》等。这些篇目比较适合学生阅读，因此教师有选择性地推荐给孩子，会起一个很好的导向作用。孩子们读原著可能有困难，因此需要选择好的注释版本。

2. 教给学生阅读方法

传统文化的书籍不同于学生大部分时间接触到的白话文，因此让孩子阅读传统文化书籍有一定的难度。如果不教给学生一定的阅读方法，会造成学生的畏难心理。因此教师做一些阅读方法的指引，是非常有必要的。除了阅读的一些基本方法外，学生还可以使用结合注释法和学以致用法等。如在引导学生阅读《论语》的时候，教师可以让学生按照书里的要求去做，孩子们就会体会到《论语》讲述的道理。真正地让读书用于生活实践，学生们也会觉得快乐无穷。正如孔子在开篇便提到："学而时习之，不亦乐乎。"这就是学以致用法。

3. 善用阅读资源

一般的学校都有阅览室或图书馆，我们要正确引导学生根据推荐的经典书籍有意识地进行选择，或是直接为学生开设传统文化书籍的书台，为学生的阅读提供便捷，提高学生的阅读效率。

4. 用好补充教材

在我们的小学语文课本当中，学的古诗和文言文少之又少，《小学生必背古诗词75首》这本书是本很好的补充教材。我们可以根据学生的年龄，做不同的要求，或朗读，或背诵，或默记。通过阅读《小学生必背古诗词75首》，学生能很好地感受到祖国传统文化里诗歌的别致与美妙。

5. 课堂穿插经典

（1）利用学习时机引导阅读

如在刚开学时，让学生朗读《诗经》中的话：如切如磋，如琢如磨。

如在教师节时，让学生朗读：投我以桃，报之以李。一日为师，终身为父。

如在重阳节时，让学生朗读王维的《九月九日忆山东兄弟》。

利用好学习时机，引导学生阅读，会收到非常好的效果。

（2）依照学习内容古今贯通

如在学习《詹天佑》一文时，引用屈原的诗：

长太息以掩涕兮，哀民生之多艰。

路漫漫其修远兮，吾将上下而求索。

在教学《怀念母亲》时，引用：

树欲静而风不止，子欲养而亲不待。

教师通过引入古文，让学生真正做到了古今对话、古今贯通。

（3）利用综合性学习重点引导

如小学语文人教版第十一册在综合性学习《轻扣诗歌的大门》中，出现了《诗经·采薇（节选）》、唐诗《春夜喜雨》、宋词《西江月·夜行黄沙道中》、元曲《天净沙·秋》，这四篇就是一个很好的指引。

如利用《诗经·采薇（节选）》来激发学生阅读了解《诗经》的兴趣。阅读《诗经》对孩子们来说有很大的难度，我们可以挑选其中的几篇让孩子们一起朗读，如《硕鼠》《关雎》《蒹葭》等，通过教师的重点引导，学生一定会被《诗经》优美的音律、特殊的文体、深刻的内涵所吸引，产生阅读《诗经》的兴趣。

又如利用《春夜喜雨》《西江月·夜行黄沙道中》《天净沙·秋》，激发学生对唐诗、宋词、元曲的兴趣。唐诗、宋词、元曲是传统文化中一朵美丽的奇葩，教师引导学生感受其中之美会让他们受益匪浅。季羡林先生也曾在《大树与小苗的对话》中提到：一个小孩起码要背200首诗词、50篇古文，这是最起码的要求。《小学生必背古诗词75首》中的75首古诗词，再加上小学语文教材里学习的几十首，孩子们学习到的古诗词不过是百余首，与季先生提的200首还有较大差距。《诗经》《论语》让孩子们来阅读略显高深，可能比较适合高年级学生来阅读，而唐诗、宋词、元曲中许多短小精练、朗朗上口的诗则适宜小学阶段的每个孩子。因此，教师引导学生阅读唐诗、宋词、元曲，是非常有必要的。

我们可以这样引导学生阅读：

① 以作者为导线。在学习一首诗的时候，我们可以引导学生去了解作者的生平、阅读与作者相关的故事以及作者的其他诗。这是语文课堂中比较常见的做法。

如在学习《春夜喜雨》时，我们可以引导学生了解杜甫的生平、阅读与杜甫相关的故事，阅读杜甫的《绝句》《江畔独步寻花》等。

在学习《西江月·夜行黄沙道中》时，我们可以让学生先回顾性阅读以前学过的辛弃疾的一首《清平乐·村居》，然后再引导学生阅读辛弃疾其他的词。

学生通过阅读诗人的其他作品，可以通过一朵花看到整个花园。

② 以内容为导线。唐诗、宋词、元曲中，有很多是歌咏同一种事物的，如写月的、写秋的、写花的，不同的诗有着不同的形式和内容，我们可以引导

学生阅读相关的诗作。这样既便于积累，又非常有趣味性。

如在学习白朴的《天净沙·秋》时，我们可以引入马致远的《天净沙·秋思》、张籍的《秋思》、岑参的《逢入京使》等。

③ 以体裁为导线。《春夜喜雨》《西江月·夜行黄沙道中》《天净沙·秋》所属的体裁分别是唐诗、宋词、元曲。我们可以以此为导线，激发学生对唐诗、宋词、元曲的兴趣。

如在学习《春夜喜雨》时，我们可以让学生阅读李白、白居易等诗人的诗；在学习《西江月·夜行黄沙道中》时，我们可以让学生阅读苏轼、李清照等词人的词。

如此一来，学生从几首诗词里，看到了一个广阔的诗歌海洋。

当然，重点引导不单单局限于综合性学习中，在每个单元的《回顾·拓展》的《日积月累》中也可以进行相机引导。

④ 通过各种活动激发兴趣。根据小学生的年龄小、自觉性不强这一特点，我们可以通过开展一系列的比赛来激发他们的阅读兴趣。如背诵比赛、有奖知识竞赛、写读书笔记比赛、习作竞赛等。通过活动，我们往往会收到意想不到的效果。

让我们学习传统文化，引导学生通过阅读去学习传统文化，让传统文化植根于每一个中华儿女的心田。让我们在阅读和引导之中，寻求到语文课堂最本真的含义吧！

"廉洁"清风徐徐起

廉洁，犹如冰川，历千年仍巍然雄壮；廉洁，犹如白梅，开千载仍清香如故。

"廉洁"二字含义甚广。《广雅》曰：廉，清也。《管子·水地》曰：鲜而不垢，洁也。"廉洁"一词，最早出现在战国时期伟大的诗人屈原《楚辞·招魂》中："朕幼清以廉洁兮，身服义尔未未沫。"东汉著名学者王逸在《楚辞·章句》中注释说："不受曰廉，不污曰洁。"也就是说，不接受他人馈赠的钱财礼物，不让自己清洁的人品受到玷污，就是廉洁。《辞源》上将其解释为"公正，不贪污"；《辞海》上将其解释为"清廉，清白"。

曹植曰："宁作清水之沉泥，不为浊路之飞尘。"司马光在《文中子补传》中曰："廉者常乐无求，贪者常忧不足。"清官包拯曰："廉者，民之表也；贪者，民之贼也。"林逋曰："忠信廉洁，立身之本，非钓名之具也。"于谦在诗中写道："粉身碎骨全不怕，要留清白在人间！"曹雪芹在《红楼梦》中表明自己心迹："质本洁来还洁去，强于污淖陷渠沟。"

古往今来，"廉洁"二字在正直的人们心中产生着巨大的力量。

一、"廉洁"之故事

翻阅历史，有关"廉洁"的故事久久震撼着人们的心，成为千古佳话。请君二看：

一看子罕"以廉为宝"。春秋时，宋国司城子罕清正廉洁，受人爱戴。有人得到一块宝玉，请人鉴定后拿去献给子罕，子罕拒不接受，说："您以宝石为宝，而我以不贪为宝。如果我接受了您的玉，那我们俩就都失去了自己的宝物。倒不如我们各有其宝呢？"

二看于谦"两袖清风"。于谦出生于浙江杭州，是我国明代的政治家、军事家。于谦曾经在河南、山西当过巡抚。当时，朝中大权由王振掌握。地方官进京办事，都必须给他送礼，留下"买路钱"。可于谦不屑于这么做。他的手下人劝道："你还是给王振送点礼吧。如果没有金银珠宝，带点土特产也行呀。"于谦听后甩甩自己的衣袖，笑着说："我只有两袖清风，没什么好送的。"后来人们常说的成语"两袖清风"，就是由此得来的。

廉洁的人们让人心生敬佩，他们的事迹被世人传颂至今。

二、"廉洁"之重要

"廉洁"二字重千斤，小至影响到个人名节及生命，大至影响到江山社稷。

个人需要"廉洁"。"廉"与"莲"谐音，每个人都应当有"出淤泥而不染，濯青莲而不妖"之精神。"修身、齐家、治国、平天下"，第一要义为"修身"，"修身"中最重要的一项应当是洁身自好。君子爱财，当取之有道。昧良心之财不取，违世道之事不做。纵有粮仓万担，不过日黍三餐；纵有广厦三千，不过夜寐一床。多少高官因贪一时之利而纷纷落马，多少忠良因一念之差而后悔终生！

集体需要"廉洁"。每个集体都需要"廉洁"。有廉洁才能有公正，有公正才能有良性竞争，有良性竞争才能有和谐发展。反之，集体有腐败行为，必然导致不公正，必然会引起恶性竞争，必然会影响集体发展。

社会需要"廉洁"。腐败犯罪逐渐成为全球性的问题。2005年12月14日，《联合国反腐败公约》正式生效。其宗旨为：

（1）促进和加强各项措施，以便更加高效而有力地预防和打击腐败；

（2）促进、便利和支持预防和打击腐败方面的国际合作和技术援助，包括在资产追回方面；

（3）提倡廉正、问责制和对公共事务和公共财产的妥善管理。

可见，"廉洁"已成为关系社会兴衰成败的一大重要因素。"十八大"报告中指出："新形势下，我们党面临着许多严峻挑战，党内存在着许多亟待解决的问题，尤其是一些党员干部中发生的贪污腐败、脱离群众、形式主义、官僚主义等问题，必须下大气力解决。全党必须警醒起来。""反腐倡廉必须常抓不懈，拒腐防变必须警钟长鸣，关键就在'常''长'二字。""廉洁"之势，应如星火燎原，在每个公民心中燃起正义的火焰！

三、"廉洁"之举措

"廉洁"如此重要，它不单单是一个国家所要面临的问题，不单单是一个政府需要思考的问题，它更应当是每位公民需要面对的问题。那么，怎样才能做到"廉洁"呢？

（一）以"德"生"廉"

高尚的道德好比坚实肥沃的土壤，而"廉洁"就如同土壤里生长出来的美好果实。以"德"生"廉"，要做到如下几点：

1. 政府需实行廉政

孔子曰："为政以德，譬如北辰，居其所而众星共之。"廉洁政治就是要做到干部清正、政府清廉、政治清明。

香港廉政公署（现更名为香港特别行政区廉政公署）便是很好的例证。1974年2月，香港廉政公署正式成立，恰如良医诊病，一下捏住了政府机构的痼疾所在，香港由此才真正迎来了廉洁的黄金时代，成功地实现由乱到治的历史性转变，并成为公认的世界最廉洁的地区之一。香港廉政公署破案如神，并能屡屡扳倒高官，令腐败分子闻风丧胆，其反贪经验引起了全球关注，反贪模式也为全球反贪机构所效仿。可以说，精确的职能定位、合理的制度设计、严格的法律规定和科学的程序保险，为香港成就"廉政品牌"奠定了坚实的基础。

2. 全民要达成共识

政府实行"廉政"，一方面依靠法律及规章制度，另一方面更需要人民群众达成共识。人们要坚决杜绝以权谋私行为，杜绝送礼宴客行为，杜绝中国式"人情说"行为，杜绝所有有悖于"廉洁"的行为。同时，人们更要相信与支持政府的"廉政"举措，通过个人实际行动来"反腐倡廉"。让政府行为与个人行为达成高度统一，通过群众监督、道德舆论来促进政府更好地施行"廉政"。

（二）以"薪"养"廉"

管子曰："仓廪实而知礼节，衣食足而知荣辱。"高薪养廉，亦是保证"廉洁"的一大良策。从经济学角度来说，任何一个行业，高回报都能使之稳定，政府工作也不例外；从人性角度来说，高薪能满足人的合理需要和心理平衡；从历史角度来说，古人常说的"禄以养廉"也正是这个道理。而我们也应看到新加坡、芬兰、韩国等国家已在"高薪养廉"的政策上取得了成功，阿根廷、秘鲁等国家也已逐步加入进来。可见，"高薪养廉"已是大势所趋。

（三）以"法"促"廉"

孟子曰："不以规矩，不能成方圆。"万事万物应当遵循一定的自然规律发展，才能合乎情理，顺利生长。以法律手段来促进"廉洁"，为如何做到"廉洁"制定规章，为人们达成"廉洁"共识提供有力的保障。

依法促廉，让权力在法治的轨道上运行。各级政府和工作人员必须严格按照法定的权限和程序行使权力，履行职责。所有行政行为都要于法有据、程序正当。不作为或乱作为都要依法承担责任。

因此，"依法促廉"已成为我国强有力的维护"廉洁"的一项举措。

廉洁，如皎皎明月兮，愿其皎洁光辉能撒向世界的每个角落；

廉洁，如徐徐清风兮，愿其清凉能轻拂人间的每个心田。

在教育的田野上，请每一位教师播撒"廉洁"的种子，让你、让我、让他用行动让其绿满人间！

音乐在语文教学中的妙用

法国作家雨果在作品中写道："开启人类智慧宝库的钥匙有三把，一是数学，二是语言，三是音符。"如果人类能同时找到两把，那么离智慧宝库之门就更加近了。在低年级课堂之中，适时地让音乐响起来，会给师生带来一个美妙的境界。

古老的中国汉字是神奇的符号，是中华民族智慧的结晶。中国古代诗歌更是有别于其他民族文化的一种文化形式，它是一朵娇艳的奇葩。中国古代诗歌讲究声韵美，讲究平仄对仗，大多诗歌不仅语言精美，而且富有音韵，可以吟唱。它们原本就是文字与音乐的完美结合。"音乐"是一种通用于古今中外的语言，没有哪一种语言可以穿越古今，通用于全世界，而音乐却可以。因此，将文字与音乐结合起来，这样的语文课必然有声有色，磅礴大气，兴味盎然，产生一种神奇的吸引力，让学生深深陶醉其中。

低年级的学生年龄小，注意力难以集中，但在语言、听觉、视觉等各种感官上非常敏感，低年级的孩子已具备一定的学习能力。教师将音乐引入语文课堂，既能让语文课堂更加丰富有趣，又能培养学生对音乐的热爱，还能调动学生的积极性，会让课堂更加高效。

语文特级教师王崧舟认为："一堂好课，如同一幅国画，要讲究整体的布局与格调。一堂好课，也如一首交响乐，要讲究旋律、节奏、配器、音响的和谐。"因此，在语文课堂之中，如何适时地插入音乐，是非常有讲究的，教师需要精心地策划。

一、在不同教学环节中引入音乐

1. 开课之初，让音乐如磁石牢牢吸引学生

人民教育家、著名语文特级教师于漪认为："一节好课，要在一开始便如磁石一样紧紧抓住学生的心。"教师选择用音乐来导课，对于低年级的学生来讲，是一种非常好的选择。如在学习人教版教材《乌鸦喝水》一文时，教

师可先播放学生非常喜欢的歌曲《小乌鸦爱妈妈》，让学生跟唱一次，随即立刻导入："在《小乌鸦爱妈妈》这首歌中，我们看到了一只非常孝顺懂事的乌鸦，那在今天我们学习的《乌鸦喝水》这篇文章里，我们又将看到一只怎样的乌鸦呢？"如此开课，避免了长久以来人们对《乌鸦喝水》中"乌鸦"的单一解读，让学生明白乌鸦可以是爱动脑筋、会想办法的，也可以是孝顺、懂事的。在开课之初，教师充分调动了学生的积极性，激发了学生对"乌鸦"的关注，引发了学生迫不及待阅读文本的期待。通过音乐的播放与课本的学习，学生会多方位解读"乌鸦"、认识"乌鸦"，从而领会更深层次的文本内涵。

2. 开课之中，让音乐如火苗轻轻点燃学生

低年级学生的注意力非常容易分散，课堂上的注意力很难持续40分钟，因此在开课之中，教师用音乐让学生"动起来"，非常有必要。在开课之中，教师可以进行"节拍游戏"，采用一些简单的节奏，引导学生用手、用脚、用脖子、用舌头或用铅笔、尺子打出一些节奏来，这样的课堂一定会令人振奋，疲劳感全无，妙趣横生。

有的教师在教室里摆了大鼓、铃铛，当学生疲劳来袭时，轻轻敲鼓，学生立刻精神振奋起来，收到了很好的教学效果。如在学习《弟子规》或《三字经》时，学习一二十分钟后，面对有一定难度的古文，学生的枯燥感与疲惫感来袭，此时将每句"三个字"的文字配上简单的"四三拍"，配上如响板、铃鼓、沙锤等简单的小乐器，再加上动作，和着节奏再来诵读，一定会令孩子们深深喜欢。

3. 开课之末，让音乐如清茶久久滋润学生

一节好的语文课，如同一首音乐，能够余音绕梁，久久在学生的心中、耳边回旋。这种感觉，也许会伴随学生终身。因此，一节课结课的艺术，也是一种非常高明的艺术。此时，教师选用音乐来结尾，也会收到意想不到的效果。

好的音乐，它可以如浓酒，让人深深沉醉；它也可以如清茶，让人久久回味。在课的结尾处，教师可以配以适合课文的轻音乐，让学生有感情地齐读，朗读声与音乐声结合在一起，那是一种非常特别的音韵。在课的结尾处，教师也可以配以与课文非常贴切的歌曲，来升华学生的心灵与情感。如在学习《王二小》一文时，学生若没有充分了解故事的真实背景，是很难了解其中的内涵的。但《歌唱二小放牛郎》这一首歌比课文更加容易理解，而且其悲伤中带有敬佩、称赞的旋律非常能够振奋人心，引得学生产生共鸣，很多人在演唱这首歌时不禁潸然泪下。因此，学生在学习完课文之后，再来欣赏或共同演唱这首歌时，心中对"王二小"那种英勇的行为更易理解，更能加深对课文的理解与对"小英雄"的敬佩与惋惜。

二、在学习章节难点时编配音乐

音乐虽好，但语文课毕竟不是音乐课，而且有别于音乐课。但是，在语文课上，教师若能在合适的地方配上音乐，会令人耳目一新，产生意想不到的效果。

1. 在学习汉语拼音时引入音乐

汉语拼音是学生识字的工具，按照课程标准的要求，一般要求在一年级刚开学时的前一个月学完。学生刚刚告别幼儿园的生活，迈进了小学的大门，一下子要学习大量的汉语拼音，这是一个极大的挑战，因此教师采用的策略与方法非常重要，此时便可以请音乐来帮忙，让学生的学习变得更加简单有趣。

在学习汉语拼音的"e"时，学生很难发准"e"的音，此时教师可以采用两种音乐的方法来解决这个难题。

一是采用"绕口令"的方法，让学生打着"四二拍"，反复一齐练习绕口令，效果明显。

哥哥妹妹坡前坐

哥哥说宽宽的河

妹妹说白白的鹅

哥哥说是宽宽的河不是白白的鹅

妹妹说是白白的鹅不是宽宽的河

二是采用学习歌曲《咏鹅》的方法，来巩固"e"的发音，更加有趣。因为一年级的学生在上学之前，基本都已学习过这首诗，此时教师播放由戴梓伊演唱的妙趣横生的《咏鹅》，再加上合适的动作，带领学生一起边唱歌边舞蹈起来，整个课堂立刻鲜活与生动起来，"e"的发音问题在不知不觉中快乐地解决了。

2. 学习中国古诗词时巧用音乐

古诗词是中华民族传统文化中一朵娇艳的奇葩，因此在语文教学中，离不开古诗词的学习。除了语文课本中的一些要求学生必须学会的诗歌之外，在

《小学生必背古诗词70首》中，也有大量的古诗词要背诵。由于年代的久远，诗歌的语言与现在的白话文有着明显的差别，学生理解起来会有一定的困难。教师如果长时间采用单一的朗诵法，肯定会使学生感到枯燥。而采用目前比较流行的吟唱式教学，又有很多一线的教师没有学会，操作起来有一定的难度。因此，教师可以选一种比较省时又省力的方法，那就是从网上下载一些比较好的古诗词歌曲，进行"古诗词新唱"演唱式教学。

如由谷建芬老师监制的《古诗词歌曲20首》——《春晓》《明日歌》《相思》《咏鹅》《一字歌》《清明》《游子吟》《晓窗》《村居》《出塞》《江南》《长相思》《寻胡隐君》《登鹳雀楼》《悯农》《长歌行》《赋得古原草送别》《七步诗》《静夜思》《读唐诗》。经典的古诗词，优美且富有中国味道的配乐，好听的童声演唱，每一首都宛如天籁，富有童趣，非常适合儿童演唱。除了谷老师监制的以上歌曲外，还有很多其他的古诗词，也非常适合学生演唱，教师可以精心挑选合适的古诗词，进行演唱式教学。如《经典咏流传》节目中《苔》《三字经》《墨梅》《迢迢牵牛星》《登鹳雀楼》等，也非常受学生的欢迎。又如，由胡婷婷演唱的一百首古诗词，也非常悦耳动听，适合学生学习，这样既能激发学生的学习兴趣，又方便学生吟唱、记诵。通过师生演绎"古诗词新唱"，学生不仅能够感受中国古典诗词的美好，也能被优美的音乐所熏陶和感染。在低年级阶段，如果能够充分激发学生学习、吟唱古诗词的兴趣，那么他们一定会深深爱上中国诗词的。这样，中国的传统文化在不知不觉中被学习和继承了。

三、在学习具体课文时妙用音乐

音乐的神奇魅力在于穿越古今，经典的旋律让一代又一代人百听不厌。"古诗词新唱"的演唱教学激发了学生学习古诗词的兴趣，但在语文教材中，还有大量的非古诗词的课文，教师也需要引导学生学习。大量的现代白话文，不同的文体，比较经典的文章也被谱成了曲，可以进行演唱。如课文《小小的船》《快乐的节日》等，这些课文语言精美，虽不及古诗词那样脍炙人口，但演唱起来也能给课堂增色不少。

然而，在面对大量的现代文时，教师也可以巧妙地将学生熟悉的旋律运用到课文教学中来。

如在教学《雪地里的小画家》一文时，该课的课文是这样的：

下雪啦，下雪啦！

雪地里来了一群小画家。

小鸡画竹叶，小狗画梅花，

小鸭画枫叶，小马画月牙。

不用颜料不用笔，

几步就成一幅画。

青蛙为什么没参加？

他在洞里睡着啦。

对于见过小鸡、小鸭、小马、竹叶、梅花、枫叶的孩子来讲，学习这篇课文比较简单，但在教学中，我发现与大自然接触较少的城里的孩子，很难理解"小鸡画竹叶，小狗画梅花，小鸭画枫叶，小马画月牙"这几句话的含义，背诵起来总是会发生错误与混淆。一日在辅导一名年轻教师上课时，我突然灵机一动，将课文与旋律均稍作了改动，填入了《小星星》的旋律之中，给小动物角色辅之以动作，根据音乐节奏编排了简单易学的舞蹈，受到了学生的热烈欢迎，背诵与理解问题迎刃而解。填词如下：

下雪啦 下雪啦 下 雪 啦! 雪地里 来了一群 小 画 家。

小 鸡 画竹 叶 耶 耶, 小 狗 画梅 花 哗 哗,

小 鸭 画枫 叶 耶 耶, 小 马 画月 牙 呀 呀。

不用 颜料　不用 笔，　几 步就成 一 幅画。

青蛙 为什么 没 参 加？ 他 在 洞里 睡 着 啦。

通过以上的改动与编排，好听的旋律一响起，学生们就能一边舞蹈一边歌唱出这篇课文来，不再弄错与混淆，整个教室都沉浸在欢乐之中。赛课的老师，也因为特殊的编排，取得了不俗的成绩。

诚然，语文课堂需讲究语文本色，讲究人文性与工具性的结合。然而，当一节语文课是有趣的、丰富的，是充分符合学生年龄特点的，是深深受到学生欢迎的，并且是高效而生动的，那么所有的条条框框将不复存在。因为"条条大路通罗马"，在通往语文知识浩瀚海洋的路途中，有音乐同行，有音乐相伴，在这一路上，必定奇妙无比，精彩纷呈！

请您不妨也让音乐在语文课堂轻轻流淌！

《卜算子·送鲍浩然之浙东》教学反思

2014年12月，紧张激烈的宝安区第三届"新课程·新理念"大赛语文总决赛已告一段落。回顾备课、赛课的整个历程，我心潮澎湃，诸多感动，又有几分遗憾。现将几点思索，记于文字当中，与大家分享。

一节好的语文课该如何上？这是所有有责任、有良知的语文教师都应该思索的基本问题。在上课之前与赛课之后，我做了如下的思索。

一、无论如何，也要努力让学生在课堂里有真的收获

著名特级语文教师于漪曾经说过："每一节课，都会影响着学生的生命质量。"因此，在备课之初，我先思索的是这一节课究竟会给学生带来怎样有益的帮助，会给他们的人生带来什么样的正能量与影响。因此，我将本节课的教学目标定为如下三个方面：①品读词句，感悟词的意境与语言之美。②学习吟诵，掌握"平长仄短"的基本吟诵技巧。③积累送别诗词，联系生活，思考如何面对离别。

新《语文课程标准》在"前言"中提到：语文课程致力于培养学生的语言文字运用能力，提升学生的综合素养，为学好其他课程打好基础；为学生形成正确的世界观、人生观、价值观，形成良好的个性和健全人格打下基础；为学生的全面发展和终身发展打下基础。语文课程对继承和弘扬中华民族优秀文化传统和革命传统，增强民族文化认同感，增强民族凝聚力和创造力，具有不可替代的优势。

于是，本人将本节课的第一个教学目标确定为"品读词句，感悟词的意境与语言之美"。该目标旨在培养学生的语言文字运用能力，纵观课堂，学生基本上达成了第一目标。

第二个教学目标为"学习吟诵，掌握'平长仄短'的基本吟诵技巧"。中国的古诗文字字珠玑，经历了千百年仍能深深打动读者的心，古诗文里的灵感、智慧以及音韵之美，是其他很多国家的文字所不能替代的。而"吟诵"

在中国已有三千年以上的历史，但现代的语文教师知晓其方法的并不多。对于中国传统的文化，不单单要弃其糟粕，更要继承其精华。而"吟诵"一法，是每个语文教师与学生都应当了解与掌握的。在本节课当中，我虽然尝试用"吟诵"法来引导学生读好词，但由于学生已养成定性，再加之本身准备不够充分，效果并不明显。虽然如此，"吟诵"一法，在今后的古诗词教学中，我还是应当多加坚持，这也是每一名语文教师应当相信与始终坚持的一种语文教学方法。语文课，应当寻"根"，追寻祖先优秀文化中智慧的"根"，追寻语文教学规律的"根"，追寻人生根本意义的"根"。这也将是以后本人语文教学的方向。

第三个教学目标为"积累送别诗词，联系生活，思考如何面对离别"。美国教育家杜威认为："教育即生活，教育即生长。"

学习的目的，既为生存，也是为了更好地生活，让学生的生命有所成长。因此，在本节课里，我设计了第三个教学目标，从学生的练笔当中可以发现，这一目标达成得很好。

二、无论如何，也要体现自己独特的语文教学风格

每个语文教师都应当努力地寻找自己独特的语文教学风格。语文特级教师王崧舟老师认为："对语文教学的追求，向来存在三个层面上的东西。一是功利层面上的追求，学生的语文考试成绩很好，学生的作文获奖等等；二是科学层面上的追求，形成自己的理论主张，建构自己的教学体系等等；三是审美层面上的追求，按照美的规律和要求审视语文、设计语文、实践语文、评价语文，让语文成为生命的诗意存在。"因此，作为语文教师，应当不仅仅局限在第一层面，而更应该将目光放在第二、第三层面，要努力追求语文教学的美感，形成自己独特的教学风格。然而，不管是王崧舟老师的"诗意语文"，还是窦桂梅老师的"主题教学"法，都只是个人智慧的结晶，他人很难借鉴与模仿。即使是模仿，若没有经过自己的深思熟虑，那任何学习都只是"邯郸学步"。每个教师要认清自己的优势与劣势，从而确定自己的教学方法，在教学中既要大力发扬自己的优势，也要认清自己的不足，通过种种途径来克服自己的弱势，让弱势变成优势。

在本节课中，本人努力发挥自己在读写上的些许优势，既抓住学生读的指导，又注重抓住学生写的训练，旨在培养学生读的兴趣，同时想通过写来激

发学生内在的生命活力，让他们的生命有所成长。但从整堂课的效果来讲，学生在"读"的方面略显不足，这与本人"吟诵"的指导不到位有很大关系，但学生在"写"的方面却又十分精彩，这也充分说明本节课激发了学生的内在生命活力。

在今后的教学教研中，本人会继续努力学习，坚持阅读，不断反思，不断成长，努力找准自己的优缺点，充分挖掘自身的智慧与潜能，力争创造出与众不同的语文课堂，从而拥有独特的教学个性，形成自己的教学风格。

三、无论如何，也要启发听课教师有益的教学思考

每一次比赛，每一次教学研讨课，都牵涉诸多的学校、老师以及学生。因此，每一堂公开课，教师都要考虑到其影响性。教师公开课，面对的群体既有每日时光像金子一般宝贵的学生，也有从百忙之中抽空来参加活动的教师。因为对语文共同的热爱，才有了一次又一次的语文教学活动。所以，公开课中一定要有能启发听课教师思索的地方。

在本节课的设计当中，从开课的两首词《苏幕遮》《雨霖铃》，到临近结尾的《再别康桥》的引用，意在引导学生爱上宋词与积累送别诗词，培养学生对中国古诗词的热爱，这都是对文本组合的一种探索，供大家思考与商讨。在本节课里，我在引用一些古诗文及现代诗时，可以非常明显地感觉到学生对于引用文本的喜欢，并且能将引用的文本内化，运用到自己的练笔当中，收效不错。叶圣陶先生认为"语文教材无非是个例子"。本人认为，语文教材是一扇窗户、一扇门。通过这扇窗户，我们要引导学生看到更高远深邃的天空；通过这扇门，我们要引导学生走出门去，真正走到语文的广阔天地里去。与此同时，我们也不能忘记语文课本这个"重要例子"。在我们建构大语文观的同时，也不能忽视如何去"微观"语文。这也将是本人以后教学上努力的方向。

在这次赛课当中，在教学中略显仓促，在今后的语文公开课、教研课或比赛课中，本人会更加努力，力求让公开课达到炉火纯青、浑然天成的效果，不留遗憾。

总之，比赛虽然已经结束，不论是成功还是失败，是精彩还是平庸，这均属于过往。未来那些难以确定的未知，我们很难预料。但作为一名语文教

师，我们唯一能把握的是我们的现在。现在的每一天，教学与成长是我们永恒不变的主题，思考与创新是我们必须追求的境界。让我们在语文的百花园里，如同蜜蜂一样赏百花之美，酿人生甘露；让我们在语文的灿烂星空里，如同百灵鸟一样在斑斓里歌唱，在梦乡里沉醉！

第三篇　专业思考——在温暖的阳光中制造养分

论"德育歌谣"如何优化学校德育工作

德育工作是学校乃至一个民族的重要工作。"立德树人"是现代教育的根本任务。对于中小学生，我们通过怎样的手段才能让当前的德育工作更加"优化"呢？这是每个德育工作者都要思考的问题。德育工作至关重要，如何让德育工作富有创新性？"德育歌谣"便是一个很好的手段。

中国目前的德育工作偏向于制度化，大多数的德育行为主要以说理教育为主，这种过于严谨的"填鸭式"德育模式，很难取得优质的德育效果。德育工作应该趋向于生活化、情境化、体验式，应该具有诗意与美感，让人们更加美好地生活。通过"德育歌谣"这一手段，教师可以很好地达到如上目的。

一、创编简洁有趣的"德育歌谣"，让音乐陪伴儿童养成良好的行为习惯

"播种行为，收获习惯；播种习惯，收获性格；播种性格，收获命运。"德育工作就是一个不断纠正与美化人的行为、习惯、性格的过程。当一个人拥有了好的行为、习惯、性格之后，他的人生会更加美满幸福。因此，对于中小学生，行为习惯的培养尤为重要。而培养人的行为、习惯恰恰是琐碎且十分细致的工作。"说理式""制度化"的德育工作方式既机械又收效甚微，因此创编通俗、易懂、有趣的"德育歌谣"，会让德育工作事半功倍。

下面我整理了我校编写好的"德育歌谣"，供大家参考。

1. 文明礼仪类

问好礼仪篇

上学点点头，放学挥挥手。见面先停步，微笑来问好。

鞠躬弯弯腰，敬礼用右手。迟到要报告，有事要举手。

文明礼貌用语篇

见到老师要敬礼："老师好，老师好！"

见到同学挥挥手："你好，你好！"

见到长辈鞠鞠躬："您好，您好！"

见到客人微微笑："欢迎，欢迎！"

见到老人要让座："请坐，请坐！"

见到朋友要谦让："你先，你先！"

别人帮助握握手："谢谢，谢谢！"

做错事情低低头："抱歉，抱歉！"

2. 卫生类

用眼卫生篇

保护眼睛很重要，小朋友们要记牢。

读书写字坐端正，眼睛离桌一尺遥。

走路坐车和躺着，千万不要把书瞧。

爱眼体操天天做，一日两次不可少。

饮食营养要均衡，爱护眼睛学习好。

爱护卫生拍手歌

你拍一，我拍一，卫生习惯要牢记。

你拍二，我拍二，不丢纸屑和瓜皮。

你拍三，我拍三，不能随地乱吐痰。

你拍四，我拍四，校内不要吃零食。

你拍五，我拍五，认真值日不马虎。

你拍六，我拍六，饭前便后要洗手。

你拍七，我拍七，见到垃圾要捡起。

你拍八，我拍八，保持卫生靠大家。

你拍九，我拍九，个人卫生要讲究。

你拍十，我拍十，良好习惯要坚持。

3. 安全类

交通安全篇

安全很重要，规则要记牢。养成好习惯，不在路上玩。

应走人行道，走路往右靠。看清才通过，莫与车抢道。

骑车守规则，乘车有秩序。头手在车内，平安记心底。

食品安全篇

小朋友们要牢记，食品安全很重要。

油炸食品方便面，不能把它当饭吃。

辛辣食品莫多吃，少喝饮料多喝水。

腐烂食品切勿吃，多吃水果和蔬菜。

面食米饭为主食，切记零食莫多吃。

食品安全记心间，我的健康我做主。

4. 学习类

勤学好问篇

好学生，习惯好。早读时，声音亮。预习时，留疑难。

上课时，解决掉。老师问，善思考。趁下课，快巩固。

不懂处，留记号。问老师，仔细听。关键处，要记清。

写作业，要用心。卷面美，思路巧。爱学习，真美妙！

握笔姿势歌

拇指食指握住笔，中指当作小枕头。

上面圆圆的，下面空空的。

5. 生活类

喝水篇

下课铃声响，拿出小水壶。咕噜咕噜喝，真呀真舒服。

整理学习用具篇

书包好伙伴，整理很重要。按类摆放好，小书跟大书。

课表看仔细，睡前准备好。笔盒放前面，书本左上角。

诸如以上"德育歌谣"，既通过简洁易懂的文字让学生了解了学校的日常行为规范，又配以优美动听的旋律让学生更加明确了行为习惯的要求，从而让德育工作更加丰富、生动与有趣。

二、寻找内涵丰富的"德育歌谣"，让学生在中华优秀的经典文化中受到美的德育熏陶

近年来，已有不少学校利用"德育歌谣"来对学生的行为习惯进行熏陶、塑造，但真正能对学生产生深远影响的并不多。主要原因在于"德育歌谣"与经典儿童歌曲相比较起来，缺乏艺术性与审美性，在传唱过程中，学生的热情容易随着时间的推移而消减。因此，学校应寻找优秀的经典儿歌，将其变为特殊的"德育歌谣"，这样更容易让学生久久不忘，终生受益。

我校自创办以来，一直利用"古诗词新唱"的方式，通过吟诵、演唱、舞蹈、快板等一系列的形式，将德育课程蕴含到国学活动当中，将德育与艺术有机结合，从而培养出具有中国精神、中国思想、中国行为、中国习惯的新时代合格的建设者与接班人。如果说创编的"德育歌谣"是普通朴素的"正常米饭"，那么优秀经典的"古诗词新唱"则是高雅丰富的"营养大餐"。那么，有哪些经典的歌曲适合作为"德育歌谣"来传唱呢？

1. 国学经典启蒙教材

一系列的国学经典启蒙教材均有人配以旋律，都是可以从网上或音像店购买直接使用的。如《三字经》《弟子规》《笠翁对韵》等，晦涩难懂却含义深远的文字里蕴含着丰富的德育内容，包含着"格物、致知、诚意、正心、修身、齐家、治国、平天下"等方方面面，通过传唱，学生不仅可以学会处理人与人、人与自然、人与社会、人与历史的关系，而且这样的德育内容与德育形式，必然会对学生产生深远的影响。

2. 古诗词歌曲20首新学堂歌

由谷建芬老师监制的《古诗词歌曲20首》，将20首优秀的古诗词谱成音符，不论是歌词还是编曲，都非常优美，孩子在唱歌中既学到了知识，又培养了乐感，受到高层次的德育熏陶与感染。

如一曲《明日歌》：

明日复明日，明日何其多。我生待明日，万事成蹉跎。世人若被明日累，春去秋来老将至。朝看水东流，暮看日西堕。百年明日能几何？听我明日歌。

教师利用此歌，可以引导学生更加珍惜时间、积极进取。

又如一首《游子吟》：

慈母手中线，游子身上衣。临行密密缝，意恐迟迟归。谁言寸草心，报得三春晖。

浓浓的慈母情，浸润在字里行间，再配以深邃的旋律，学生对母爱的感受更加真挚与深切，从而培养了学生的感恩之心与孝顺之行。

又如《悯农》：

锄禾日当午，汗滴禾下土。谁知盘中餐，粒粒皆辛苦。

简洁而熟悉的文字，在悠扬的歌声中，再现了农民汗洒禾田的情景，艺术的形式使学生更加能够理解食物的来之不易，更能够懂得如何去珍惜粮食、同情他人。

再如《读唐诗》：

床前的月光，窗外的雪。高飞的白鹭，浮水的鹅。

唐诗里有画，唐诗里有歌。唐诗像清泉，流进我心窝。

相思的红豆，巫山的雪。边寨的战士，回乡的客。

唐诗里有乐，唐诗里有苦。唐诗是祖先在向我诉说。

教师可通过古诗词的教学，培养学生的民族自豪感，激发学生对中国文化的探索与喜爱，从而培养学生的爱国精神。

当然，除了上面介绍的经典歌曲可以作为"德育歌谣"外，教师还可以从其他经典的儿歌中进行挑选，在此不再一一罗列。除了利用传唱、吟诵等方式来演绎此类"德育歌谣"外，教师还可以通过创编、合唱比赛等方式来进行熏陶与感染学生。

三、巧妙使用有趣的"德育歌谣"，让学生在课堂与课间的校园生活灵动起来

创编好了"德育歌谣"，如何让其发挥作用呢？相信这是许多教师都在思索的问题。在实际操作中，笔者总结出以下四种方法。

1. 课前温暖"课堂"

著名语文特级教师于漪老师曾说过："一节好课，要在一开始便如磁石一样紧紧抓住学生的心。"教师无论上什么科目的课程，课前的气氛调节、激励学生的热情至关重要。因此，在开课之时，教师可以先让学生合唱"德育歌谣"，这是一种非常有趣的方法。下面是《课前准备》歌谣，分享如下：

课前笔墨准备好，安心静候老师到。

迟到门前喊"报告"，遇到疑惑多请教。

上课听讲要专心，老师提问快思考。

发问答题先举手，发言之前先想好。

别人发言莫打岔，取长补短再研讨。

坐姿端正精神足，声音洪亮情绪高。

课前通过这样的"德育歌谣"，教师让学生明确课堂要求。当学生根据旋律演唱起来的时候，不仅省却了教师课堂上的再三强调，而且通过不断的传唱与巩固，学生更加清楚明确课堂上自己的行为，同时创设出良好的学习氛

围，为课堂的进展拉开了快乐向上的序曲。

2. 课中调节"气氛"

我国现有的班级人数普遍较多，一节课的时间为40分钟。面对"大班化"的教育体制，一位普通的教师很难做到让每位同学都积极参与到课堂之中来。因此，在每节课中，教师通过一些与课堂内容相关的有趣的小游戏、小活动等方式来调节课堂氛围，是非常有必要的。此时，"德育歌谣"就可以适时地"大展身手"了。

如在语文课堂之中，在学生朗读课文前，教师可以让学生唱起《朗读习惯歌》："朗读时，拿起书。小朋友，大声读。声音亮，有感情。读好书，长知识。"简洁清新的歌谣犹如一股清泉注入学生的心田，不仅调节了课堂的氛围，而且收到了事半功倍的效果。

又如在数学课堂之中，数学以逻辑思维为主，精密的演算，严谨的态度，容易让课堂沉闷。引入"德育歌谣"，就如同将一枚石子投入平静的湖水之中，激荡出美丽的浪花。现介绍《解题习惯歌》："做题前，先读题，你可千万别心急。计算时，别大意，符号、步骤看仔细。做完题，要警惕，认真检查找问题。"通过这样的方式，教师可以让数学课更加生动、有趣。

在课堂之中，教师适时插入"德育歌谣"，既让学生汲取知识，又让学生在课堂之中收获快乐，岂不美哉？

3. 课间"休息"时分

一节课结束之后，短暂的课间十分钟是十分宝贵的。因此，如果在早间时光、课间或是午间时光，教师播放一些轻松、有趣、实用的"德育歌谣"，叫醒学生的耳朵，打动学生的心灵，同时提醒学生注意休息时的安全，让整个学校灵动起来，也是一种可取的做法。

如有趣的《上厕所歌》：

下课铃声响，肚子咕咕响。要上洗手间，慢步往前走。上完厕所后，记得冲干净。把手洗干净，细菌远离我。厕所地板滑，小心把路走。

课间播放"德育歌谣"，既能提醒学生及时上厕所、喝水，又能通过艺术的形式来将德育工作趣味化，会让学生在良好的氛围中养成良好的生活习惯与安全习惯。

4. 利用班会课系统学习

如果说零碎的课前、课中、课间的演唱、播放"德育歌谣"，可以创设良好的课堂与课间氛围，那么班会课上有机地渗透"德育歌谣"，会促使学生对德育的认识更具整体性，在养成习惯时更有连贯性。

班会课上可以让学生系统地学习"德育歌谣"。如按照学习类、生活类、安全类、队列类、卫生类、文明礼仪类等，让学生从整体上明白学校的德育要求，同时在生活中不断地通过自己的行为来实践、纠正自己的行为并养成良好的习惯，从而在校园中更加美好地生活，再辐射到学生的家庭生活、社会生活。通过三者的相互作用，为学生的终身幸福生活奠定坚实的基础。

"除去杂草最好的办法，是在地里种上庄稼。"德育工作也应如此。学校创编、使用"德育歌谣"，除了可以使学生养成良好的行为习惯之外，还可以对学生的精神世界起到引领作用。学校通过对外在行为的塑造，对内在心灵的熏陶，让学生得到双重的成长，从而让德育工作更生动、更有趣，更情境化、生活化，更有内涵，更有诗意。

德国伟大的哲学家马丁·海德格尔在哲学思辨中遨游到晚年时，幡然醒悟，回归到了诗性的境界，写下了一句名言："人诗意地栖居在大地上。"让我们充分利用"德育歌谣"，将德育工作不断地"优化"与创新，帮助学生"诗意地栖居在大地上"，这是每一位德育工作者从事工作中的一件美事。

📖 参考文献

[1] 周邦春.和谐社会中的艺术教育与道德教育：论艺术与德育的统一性[J].当代教育论坛，2008（29）.

[2] 郭声健，殷瑛.廓清艺术教育与德育的关系[J].湘潭大学学报（哲学社会科学版），2007.

[3] 谷建芬.古诗词歌曲20首新学堂歌.音乐光盘，2009.

[4] 于安娜.合唱艺术与德育教育[J].吉林教育，2006.

[5] 兰岗.学校艺术教育应如何实现"立德树人"[J].课程·教材·教法，2013（9）：74-77

古诗文"艺术化教学"之美

新《语文课程标准》提出，语文是一门工具性与人文性相结合的综合性学科。笔者认为，中国文化源远流长，内涵深厚，汉字的世界更是博大精深，因此不管是基于语文教学的特点出发，还是从中国优秀文化传承的角度考虑，语文教学特别是古诗文教学是极其需要讲究艺术的。古诗文是中国优秀传统文化的精华，是中国古代文人的智慧结晶，还是中国人民生活、政治、文化等的一个缩影。保存至今能够与人们见面的古诗文，更是精华中的精华。有的古诗文文质兼美，能够吟唱、朗读，充满着音韵美；有的古诗文具有画面美；还有的古诗文，情景交融，意蕴深刻，充满着理趣美。古诗文本身就充满艺术感，更有不少诗作，诗、书、画紧密结合，情、趣、理兼而有之，令人回味无穷。这些古诗文，值得每个中国人细细学习、深深回味。

隔着久远的时空，学生对于古诗文的学习存有一定的难度。但如果每篇古诗文，教师都能够通过艺术化的教学手段来引导学生，不仅可以增加古诗文的魅力，而且还能深深吸引学生的心。教师通过"平长仄短"的吟诵并配以绘画、书法、课件以及综合演绎等艺术化的教学方式，充分挖掘古诗文教学之美，扩大古诗文教学的课堂，能让古诗文教学之路更加广阔与丰富多彩。在点面交错之中，横向与纵向相结合，让人们倍感中国古诗文的博大与精深、智慧与优美。

现结合中国著名特级教师的教学理念、经典课例片段、古代著名诗人及现阶段个人与地区的一些实例，来进行思考与总结，以呈现古诗文艺术化教学之美。

一、"平长仄短"，吟诵出古诗文的"音韵之美"

"平长仄短"是形成吟诵音乐节奏特征的重要因素。汉语声调平仄二分无疑是按照汉语语音的轻、重、浮声、切响来划分的，这种划分在诗歌语言中形成了特殊的音响效果。诗歌中的语言运用原则就是平仄的交替，而这种平仄

117

交替的结果就孕育了诗歌的音乐节奏。"从我国有些地区的吟诵实践来看，平声字一般读得低一点、长一点，仄声字一般读得高一点、短一点。这样，首句吟诵起来，'平平—仄仄—平平—仄'，高音的'低低—高高—低低—高'，音长的'长长—短短—长长—短'，如此很有节奏地交替出现，就自然地形成了抑扬顿挫的鲜明节奏"。由此看来，平仄二元化形成了长短音、高低音的对比效果。

著名特级教师窦桂梅老师非常提倡吟诵的古诗文教学，并把吟诵的要求写进了她主编的《小学语文质量目标手册》中。这种古诗文教学包含了四个组成部分：读、唱、吟、舞。这四个部分有机结合，互为支撑，融为一体，看似简单，却把孩子们学习古诗文的积极性极大地调动起来了，让他们在形式多样、情趣盎然的反复诵读中，既读懂了诗句的意思，又充分感受到了诗的意境，获得审美的喜悦。

语文特级教师赵志祥老师也非常推崇古诗文的"吟诵"教学。通过"平长仄短"的吟诵方式，收到了非常好的教学效果。在2014年珠海举行的"名思教研活动"中，赵老师引导学生吟诵了《笠翁对韵》中的"一东"：天对地，雨对风。大陆对长空。山花对海树，赤日对苍穹。雷隐隐，雾蒙蒙。日下对天中。风高秋月白，雨霁晚霞红。牛女二星河左右，参商两曜斗西东。十月塞边，飒飒寒霜惊戍旅；三冬江上，漫漫朔雪冷渔翁。赵老师特别强调了"风""空""穹""中""红""东""翁"，引导学生用不同的方式进行朗读、吟诵、歌唱，整个语文课堂充满了音乐的美感，获得了在场听课教师们一次又一次热烈的掌声。赵老师的课已经过去很长时间了，但课堂里的音韵之美还余味悠长，余音久久在我心中回旋。

可见，在古诗文教学中，教师引导学生采用"平长仄短"的方式，可以吟诵出大部分古诗文的韵律节奏之美。笔者整理了更为简单的操作方法，供大家参考。如在《卜算子·送鲍浩然之浙东》一词中，把第一、二声的字（即平声字）的字音拖长，第三、四声的字（即仄声字）的字音读短。用"–"代替平声字，用"丨"代替仄声字。

水是眼波横，山是眉峰聚。欲问行人去那边？眉眼盈盈处。

丨 丨 丨 – –　 – 丨 – – 丨　 丨 丨 – – 丨 丨 –　 – 丨 – – 丨

教师在引导学生朗读时，可以用手势进行辅助，如用手臂由上至下快速移动表示仄声，用手掌由左至右移动表示平声。如此引导学生，既生动形象，又增添了古诗文教学的趣味与音乐美感，长久坚持，可在古诗文教学中取得可喜的成绩。

二、"诗中有画"，描摹出古诗文的"画面之美"

中国古诗文非常讲究，文字精练，内涵丰富。很多杰出的诗作都非常形象生动，具有画面感。其中，写诗最有画面感的代表诗人为王维。宋代苏轼评价唐代王维的作品时指出："味摩诘之诗，诗中有画；观摩诘之画，画中有诗。"王维既是诗人，又是画家，其所成就，不仅仅能诗善画，还把艺术中的诗与画，通过他的创作，给予融合。诗画的有机结合，是中国画的传统，也是中国画的特点。不单单是王维的诗，其实苏轼等很多诗人的诗都具有非常强的画面美感。因此，在古诗文教学中，如果能将绘画与语文教学结合起来，定然会妙趣横生。

我国著名特级教师于永正老师，在《赋得古原草送别》精彩的课堂教学中，借助简笔画，调动学生的生活经验，引导学生自主学习并理解古诗，表现出了高超的教学艺术。于永正老师把简笔画的功能发挥到了"极致"，他引导学生在读读、画画、看看、说说、议议、评评过程中全面启动感官，唤醒生活经验，将思维逐步引向深入，从而达到了让学生自读自悟的语文教学新境界。20世纪80年代以后，于永正应邀到各地授课、讲学，深受各地师生的欢迎。凡是听过于永正上课的人都说于永正的课真好，设计新颖，具有丰富而充沛的教学情感，教师教得自由，学生兴趣盎然，思维活跃，教学效果极好，确有一种艺术的魅力。他的课，不仅涉及京剧、书法，还有绘画，充分体现了"重感悟、重积累、重迁移、重情趣、重习惯"的教学特色。

由此足以说明，在古诗文教学中，若能适时引导学生想象、勾勒、描摹出古诗文中的图画之美，不仅必要，而且"绝妙"。

三、"诗书结合"，书写出古诗文的"独特之美"

中国书法源远流长，是一门古老的汉字书写艺术，它是区别其他文字的一种特殊智慧的存在。从甲骨文、石鼓文、金文（钟鼎文）演变为大篆、小篆、隶书，至定型于东汉、魏、晋的草书、楷书、行书等，书法一直散发着艺术的魅力。中国书法是一种很独特的视觉艺术，汉字是中国书法中的重要因素。而古诗文，正巧是通过一代又一代文人收藏、抄写、临摹传承至今。古诗文与书法从古至今就密不可分。

在古代文人墨客中，不少诗人非常讲究写诗与书法相结合。苏轼在文、诗、词三方面都有极高的造诣，堪称宋代文学最高成就的代表。而且苏轼的创造性活动不仅局限于文学，他在书法、绘画等领域内的成就都很突出，对医药、烹饪、水利等也有所贡献。不仅如此，诗人郑板桥为"扬州八怪"之一，其诗、书、画被世人称为"三绝"，其中《竹石》一诗不仅文字刚毅，而且书法非常精妙，令后人传颂。因此，在古诗文教学时，教师不应该忽略了书法的指导教学。两者的相互结合，才能充分体现出古诗文的"独特之美"。

因此，教师在古诗文教学中若能加上书法引导教学，会更加精彩绝伦。在笔者平时的古诗文教学中，对低、中年级进行楷书书写指导，对高年级进行行书书写的指导。如我每周利用两次20分钟的书写时间，着重对学生进行书写古诗的指导，使其养成习惯，定时展览，营造氛围，极大地激发了学生的书写兴趣。

四、"课件艺术"，解读出古诗文的"内涵之美"

当今世界已处在一个信息非常发达的时代，人们通过电脑可以获得大量的信息，信息化的教学方式，比及古代较单一的教学方式，更加能够受到学生的欢迎。在全国著名语文特级教师王崧舟老师的《长相思》经典课例中，除了王老师深厚的语文教学功底之外，艺术化的课件也为其增色不少。

《长相思》的作者是清朝的纳兰性德，是一首描写边塞军旅途中思乡寄情的佳作。这首词写出了身处他乡、梦回家园的边塞战士的情怀，这首词的可贵之处是缠绵而不颓废，柔情之中透露出男儿镇守边塞的慷慨报国之志。原文如下：山一程，水一程，身向榆关那畔行，夜深千帐灯。风一更，雪一更，聒碎乡心梦不成，故园无此声。

王老师在"展开想象，读出词情"这一环节，用课件播放了张维良的《天幻箫音》中的《怆》这支曲子来引导学生齐读全文。曲子先是一阵又一阵萧瑟而呼呼作响的风声，紧接着是由远及近的悲凉的箫声，偶尔点缀着古筝声，再出现凄凉的箫声、击打声等，但悲怆的箫声一直贯穿主旋律。和着这样的乐曲，学生不禁思绪飞扬，很快就进入了词曲所表达的意境之中，悟得此诗的内涵之美。课堂的感觉瞬间沉寂至词作本身，旋律和声音表达出了文字所无法表达的妙处，令在场的每个人都感到震撼，直接"虏获"了学生的心灵。在此，我们不得不佩服王老师这一环节的处理之精妙。

在朗读环节结束后，紧接着王老师又顺势利导学生说话："孩子们，睁开眼睛，现在你的眼前出现了怎样的画面和情景？"在学生说完以后，他利用课件播放了第二支曲子——林海的《琵琶语》，引导学生在音乐中依据想象写话。《琵琶语》中那种低低的追忆与倾诉，带着忧伤，带着隐忍，却没有怨恨，说的似乎就是世界上最遥远的距离。这支曲子所表达的感情正好与词中的边塞男儿的情感有很大的共鸣，通过音乐与文中人物形象情感的碰撞，怎能不拨动学生的心弦？

这两支曲子都非常具有中国特色，箫与琵琶这两种乐器音色独特，与《长相思》一词中的内容、形式非常吻合，可见王老师在制作课件时，从艺术化的角度进行了非常细致的考量。在《诗意语文课谱》一书中，收录了此课，题为《为了艺术而存在的课堂》——《长相思》课堂实录与品悟，可谓"名副其实"。

由此可见，精品化的"艺术课件"，会产生令人震撼的效果。

五、"综合演绎"，表达出古诗文的"时空之美"

古诗文虽美，但因隔着久远的时空，许多文字内涵以及创作背景难以让学生理解与接受。因此，在古诗文教学中，教师需要有别出心裁的教学方式。教师利用吟唱、戏剧表演、舞蹈表演等方式来吸引学生的兴趣，是一种不错的方法。

如在2015年的宝安区首届学校艺术节国学综合专场展演比赛中，很多学校用艺术化的方式演绎了古诗文，均收到了很好的效果。如坪洲小学的《木兰辞》、翻身实验学校的《弟子规》等节目，通过朗诵、吟唱、舞蹈等方式精彩地演绎出古诗文的时空之美。

除此之外，音乐课本上有大量的古诗文，如《长歌行》《花非花》等，均可以用来进行艺术演绎。另外，利用流行歌曲，来增加学生对古诗文的热爱也不失为一种很好的办法。如周杰伦演唱的歌曲《菊花台》、霍尊演唱的《卷珠帘》等，都可以作为教育素材来使用，以缩短古诗文与学生之间的距离。

通过艺术化的演绎，让古诗文教学的课堂从教室、书法室延伸至舞台、生活之中，让学生全方位地热爱具有中国精神的古诗文，激发他们的民族自豪感与自信，是非常可取的。

总之，如果说中国古诗文犹如世界文化花园中一支独特的"奇葩"，那么艺术化的教学方式会让这朵"奇葩"绽放得更美丽、更诗意、更大气！但愿这朵"奇葩"能够乘着艺术之风，使香味弥散至学生乃至每个人的心田，更悠长、更辽远。

📖 **参考文献**

［1］窦桂梅.玫瑰与教育［M］.上海：华东师范大学出版社，2006.

［2］窦桂梅.小学语文质量目标手册［M］.成都：四川教育出版社，2010.

［3］教育部师范教育司组.于永正与五重教学［M］.北京：北京师范大学出版社，2011.

［4］王崧舟，林志芳.诗意语文课谱［M］.上海：华东师范大学出版社，2011.

"现代教室"的多重功能

关于教室，我从电脑网络上查到如下资料。

教室，一间由前面是讲台、后面是座位的大房子构成。靠讲台的墙上有黑板或白板，是老师上课、布置作业的地方。后面是学生的座位，在中国，中小学的课桌布置一般有四组，每组有八至九桌，每桌坐两个学生，是学生接受知识、磨炼意志的必经之路。

我不禁又联想起私塾。私塾是我国古代社会一种开设于家庭、宗族或乡村内部的民间幼儿教育机构。它是旧时私人所办的学校，以儒家思想为中心，它是私学的重要组成部分。

然而，不管是古代的私塾也好，还是当代的教室也好，它们共同的功能就是以教师和学生为主体，用来教学的主要场所。

随着时代的发展，特别是信息化社会的需要，现代教室应该发挥更加多重的功能。

首先，教室应该是师生共同成长的地方。教室既是学生增长知识的场所，也应该是教师累积智慧的地方。时代要求学生的知识面要广、要全面地发展，因此，教师也需要具备"通才"的意识，努力增长自己的知识面，成为一个综合素质高的人。

其次，教室应该是一座图书馆。阅读是通向世界的大门。一个热爱阅读的人，必定有着丰富的精神世界与广阔的视野。因此，让教室成为一座图书馆，是非常必要的。

再次，教室有时可以是音乐厅。现代的播音设备效果非常好，再加上音乐素材极易获得，因此教师可以在教室里给学生播放优质的音乐，如激情飞扬的交响乐、轻缓美妙的轻音乐等。

教室有时也可以成为舞台。教室是展示师生才华的场所，有时教室可以成为学生舞蹈、朗诵和表演话剧等的场所。

教室有时也可以成为电影院。经典的教育片不仅可以给人带来直观的美的感受，给师生带来思想的洗礼与经典的熏陶。而且可以培养孩子遵守社会的礼仪与规则。

教室也是交际场所，教师要培养学生良好的交友观，使其学会与他人和谐相处，这一点至关重要。

教室也是美术展览馆。教师利用教室的墙壁展示学生的书法、绘画、手工等作品。这不仅能增强学生的自信心，也可以让教室更美观。

教室也是一个温暖的家。这里是五湖四海学生的汇聚之所，也是积累师生、生生情感的场所。

教室，是一个平凡的地方，也是一个可以发挥多重功能的地方，更是一个幸福温馨的家园。它承载着学生们家庭的期望，它承担着传播知识、点燃热情的重任，它背负着师生的梦想。教室，是世界大天地中的一间小小的不起眼的地方，却也可以是一个"大"的你无法想象的地方。

谈谈我心目中的好课

一节好课，是没有绝对标准的，各人自有各人的观点，各人自有各人的喜好。现在我来谈谈自己心目中或者说是自己想追求的好课吧。

一节好课，应该在教学中追求"四性"。我听过很多老师的课，有知名的特级教师的讲座，也有优秀教师的课，还有新毕业教师的课，颇有感触。从老师们的课中，我得到了教学中应该追求"四性"这个理念。

第一是"准确性"。教师为人师表，不仅是学生师德上的表率，更是学生学习上的楷模。因此，教师在教学过程中，要追求准确性。学生在第一次见到某个知识点时，因为第一印象比较深刻，所以教学是否准确对学生影响深远。教师教学中的准确性包括三方面。一是语言是否准确，准确的知识传授，准确的评价，从中可窥见教师的真实功底。二是板书是否准确，书写是否规范，教学内容是否能够精练概括，都会直接影响学生的状态。三是多媒体是否准确，这对于一堂课也十分重要。何时采用多媒体手段，采用哪种多媒体教学，会直接影响课堂的效果。因此，课堂教学的准确性，是每位教师都应该追求的。

第二是"有效性"。人们衡量一节课是否有效，最重要的是看学生的表现和精神状态。学生们的表现是否优异，学生在课堂上是否有生成，直接影响课堂教学的成败。首先，在课堂教学中，要看本节课有没有实效。再纷繁复杂的设计，再热闹的课堂，如果没有真的东西生成，也是无效的。其次，在课堂教学中，要努力在有"实效"的基础上追求"高效"。课堂或含容量大，或富有深度，或洋溢情感，这样的课堂都可以视为是"高效"的。

第三是"独特性"。每位教师都是一个独特的个体，我们展现在学生面前的自己是一本独特的书，是一系列与众不同的丰富课程。教师要挖掘自身潜能，发挥自己的优势到极致，最终形成自己的风格。在课堂里，学生能清清楚楚地见到老师的真本事、真情感。

第四是"新颖性"。在追求以上的基础上，教师在教学中还应当追求创

第三篇 专业思考——在温暖的阳光中制造养分

新。首先，教师不仅应该学习前辈的优秀教学经验，也应该敢于创新，寻找更新颖、更智慧的教学方法，在教学的百花园中开辟一条新路，使其伸向更远的前方。其次，教师也要善于超越自我，在教学的道路中紧扣时代的脉搏，符合社会、家庭以及学生的实际需求不断扩大自己的教育视野，改进自己的教学方式和教学手段，成为新时代教学的"代言人"。

对于一节好课，本人还有如下的思索。

一是"课如其人"，实现教者、编者、作者三者统一。还原作者的本意，厘清编者的意图，体现教者的风格。众所周知，文如其人，字如其人，其实课亦如其人。每位教师，上课时其实最重要的是体现自己个人的风格，这种风格与生俱来，别人学不会，他人盗不走，因为这是个人智慧的结晶。因此，作为一位教师，不仅要不断加强自己的"教学基本功"，还要不断锤炼自己的"独门绝活"，既能上好常规课，让学生得到良好发展，又能上好公开课，让同行听后得到些许帮助。总之，有人说"你的教法，就是你的活法"，课要上出精彩来，就必须向"教育大师"们看齐，终身学习，勇于实践！

二是"课中有人"，实现学生与文本之间、学生与学生之间、学生与教师之间的三种对话。关注学生对于任何一个课堂都至关重要，学生的精彩才能成就教师的精彩，教师的智慧激发着学生的智慧，师生的共同成功才是课堂的真正成功。一节课是否精彩，由师生的共同素养、共同成长来体现，但更重要的是以学生的表现来体现。简而言之，一节课，是否能真正从学生角度出发，符合学生需要，激发学生兴趣，提高学生素养，自始至终为学生服务，体现着课堂之中是否真正以教师为主导，以学生为主体。

三是"课堂立人"，实现教育为家庭、国家、社会服务的三项功能。第一，教育要为每个家庭服务。一个孩子代表着一个家庭，关系着家庭的幸福。第二，教育要为国家服务，在课堂中落实社会主义核心价值观。第三，教育要为社会服务。一个国家的教育必须深谋远虑，无论是近期所提出的对学生核心素养的培养，还是新理念新课程的落实，很多时候均需要由课堂来体现。一线教师是教育的真正实践者与落实者，每位教师都责无旁贷。清华附小将"上一节好课"视为最崇高的师德。课堂需成人，课堂需立人。教师不跪着教书，学生不跪着学习，这是课堂最基本的要求。一节课是否优秀，得看学生是否真正站起来了。这种站立，不是站起来回答问题，而是学生的精气神是否足，学生的自尊与独立人格是否站立起来了。

"路漫漫其修远兮，吾将上下而求索。"愿你我在教学的路上，滋润青青麦苗，收获满地金黄！

一节好课，如滴滴甘泉，徐徐清风，融融暖阳，生命在此拔节成长。一节好课，它贯通古今，贯通中西，贯通文理，智慧在此交汇成河。愿与各位同仁们一起在这载着生命气息与智慧之苗的河流中向美而行，越流越广！

让每一滴露水都闪光

有人说，每个孩子都是天使，他们是那么善良而天真。

有人说，每个孩子都是白纸，可以画出不同的色彩。

而我说，每个孩子都是露水，每一滴都可以闪闪发光。

班主任工作是一项繁重的工作，也是一项智慧的工作。教师对待班主任工作，单凭热情还远远不够，还需要更多的方法与技巧。做好班主任工作会产生深远而有益的影响。

那么，怎样才能让每个学生都成为优秀的人呢？

一、做"伯乐"

韩愈在《马说》中写道："千里马常有，而伯乐不常有。"因此做班主任，就应该做学生的伯乐。每个学生都是一个有着独特生命意义的个体，都有着自己的优点。教师不能简单地将学生以成绩来区分好坏。有的学生可能学习成绩不太好，但有绘画的天赋；有的学生不遵守纪律，但体育方面很突出；有的孩子自制能力差，但却非常重情义；有的学生也许在学校"一无是处"，没什么优点，但回家很孝顺父母，会做家务；有的学生也许语文成绩特别好，作文写得很好，英语却一窍不通；有的学生书写十分糟糕，可是做起数学习题来"势如破竹"。因此作为班主任，要懂得欣赏学生，做学生的"伯乐"。

小宽头脑灵活，反应敏捷，但基础差，非常懒惰，又不爱遵守纪律。但是每次做操的时候，他总是昂首挺胸地踏步，样子很是威武，表现出与其他孩子不同的气质，做操的动作也很标准。那气势，就是一个活脱脱的小军人。于是，我灵机一动，在班上增设了一名体育委员，让他带队出操。自从他当上体育委员，学习、纪律方面也有了很大的进步，而且"工作"非常负责。

二、做"知己"

每个人的内心深处都渴望被别人欣赏。成人如此，那么学生又何尝不是如此呢？因此教师要学会做学生的"知己"，聆听他们内心的声音。我采用的是日记沟通法。有时候，许多的心事不好意思用语言表达出来，在生活的交往中也很难说出口。因此，通过笔和纸来传递情感更加情真意切。用日记来倾诉心声，可以让学生更好地了解教师的想法，教师也可以更好地了解学生的心理状态。学生犯了错误，教师可以冷静地批评，避免了口头批评的不理智。学生有了委屈，可以及时地向老师诉说。这学期，通过这种方式，我与很多学生做了"特殊"的朋友，这是一件幸事。

三、做"智者"

班主任工作的烦琐是大家公认的，因此一定要做一名智慧的班主任，才能感受到做班主任的幸福。要想做一名智慧的班主任，要做到如下几点：

1. "他山之石，可以攻玉"

班主任先要选拔优秀的学生做班干部，让班干部进行班级管理。以"德才兼备"为标准，以学生的民主选举为参考，选出优秀的班干部，进行培养，达到"学生自治"的目的。

2. 向古人取经

古语中深藏着智慧，有着"以一抵十""以一抵百"的效果。本学期我组织学生系统地学习了《弟子规》，还经常渗透从古至今的名句教育。

如用《诗经》中的"如切如磋，如琢如磨"引导学生热爱学习。

用《左传》中的"人非圣贤，孰能无过。过而能改，善莫大焉"引导学生知错就改。

用《上书谏吴王》中的"若要人不知，除非己莫为"引导学生遵守纪律。

用《论语》中的"见贤思齐焉，见不贤而内自省也"引导学生与人相处。

诸如此类，运用古人的大智慧，既言简意赅，许多大道理又深藏其中，会对学生产生深远的影响。

3. 布棋阵

每个学生都如同一颗棋子，班主任要善于布"棋阵"，让学生们各尽其能，发挥自己最大的能力，这样才能促其进步。

总之，发现每个学生的优点，发扬每个学生的优点，让每一滴露水汇集在一起，就成了一汪碧澈的水。让我们与学生，一起智慧地奔向大海吧！

4 >>

第四篇

诗意课堂

——在雨露的滋润下绽放美丽

为了此刻的精彩

我一直很喜欢明朝归有光在《项脊轩记》中描写的画面："借书满架，偃仰啸歌，冥然兀坐，万籁有声；而庭阶寂寂，小鸟时来啄食，人至不去。三五之夜，明月半墙，桂影斑驳，风移影动，珊珊可爱。"也喜欢那句"一花一世界，一叶一菩提，一水一心法，一石一禅心"。我期待课堂里与学生们一起感受生命中的点点滴滴，让生命的智慧在这里交汇成河。

我一直很喜欢穆罕默德说的一句话："假使你有两块面包，你得用一块去换一朵水仙花。"我也很喜欢德国诗人荷尔德林的那句话："人诗意地栖居。"后经海德格尔阐发成："人，应该诗意地栖居在大地上。"我也喜欢荷尔德林在《远景》中所描述的那样："当人的栖居生活通向远方，在那里，在那遥远的地方，葡萄闪闪发光。那也是夏日空旷的田野，森林显现，带着幽深的形象。自然充满着时光的形象，自然栖留，而时光飞速滑行。这一切都来自完美。于是，高空的光芒照耀人类，如同树旁花朵锦绣。"我也期待，在课堂里，不仅有诗歌，更有美丽的远方。

我也很喜欢如美国雷夫·艾斯奎斯在《第56号教室的奇迹》中描述的那样，带领学生徜徉在阅读的花园里，一起演莎士比亚，让课堂变得富有诗意。我也期待与孩子们在教室里一起迈着春天的步子。我也很欣赏李虹霞老师在《创造一间幸福教室》里写到的那样，用爱、智慧、童心童趣，打造成独特的"幸福教室"。我也期待能让从我身边经过的学生们，感到由衷的幸福与快乐。于是，我带着学生们一起每日读诗，读《日有所诵》《唐诗三百首》《宋词三百首》，我们也开始用稚嫩的语言来写诗：为一棵树命名，为鱼写诗，看云成诗，我们将生命写成一朵花，写出一个个秋天的童话，写出一份桂子飘香的浓浓情意……

我的心，在小小的看似不起眼的教室里完成着每个学生生命中重要的事情。我为课堂与学生们，写下了《为了此刻的精彩》：

为了此刻的精彩

为了此刻的精彩

迈着春天一样的步子

愿意为你展开一朵如花的笑靥

愿意为你铺就满天美丽的云霞

愿意为你挥洒一身智慧的汗水

愿意为你画下一道七彩的光芒

为了此刻的精彩

迈着春天一样的步子

一起出发去看心灵深处最美的风景

一起去登雪山赏奇异冰川冻结千年

一起去临溪涧看青草漫漫流水潺潺

为了此刻的精彩

迈着春天一样的步子

一起去秋日霜满的山中捡红叶

一起去蔚蓝浩瀚的海边拾贝壳

一起在夕阳下的青草地上歌唱

一起在晨雾中的树林深处漫行

为了此刻的精彩

迈着春天一样的步子

让我们向更幸福——出发

人生正是由无数的此刻

写出一段又一段人生的精彩

谱写着一生的辉煌与光华

从《proud of you》到《我们之间》

又是一年毕业季，转眼之间，与学生们分别的时间渐渐地近了。上一届的孩子唱起《proud of you》，这一届的学生唱着《我们之间》，心底不由得升起一种感动。看着他们纯真的笑脸，我的眼角也有笑容漾开来了。

我策划了一台毕业联欢会，学生们有的朗诵诗歌，有的唱歌。讲台变成了舞台，从学生们歌唱的神情里，我看到了语文课堂上少有的激动与快乐。想起雷夫的课堂里，让每个学生都迈着春天一样的步子，那是一种多么美妙的课堂境界。忽而想起了《孔子游春》的故事。

春天到了，孔子听说泗水正涨春潮，便带着弟子们到泗水河边游玩。

阳光普照着大地，泗水河边桃红柳绿，草色青青，习习的春风像优美的琴声，给翩翩到来的春天伴奏。大自然多像一位伟大的母亲！广袤的大地是她宽广的胸怀，茂密的森林是她飘逸的长发，温暖的太阳是她明亮的眸子，和煦的轻风是她甜蜜的絮语……

孔子的心情很不平静，就像他眼前的泗水波澜起伏。活泼欢快的泗水从大山中滚滚而来，又不知疲倦地奔腾而去，孔子动情地望着泗水河，陷入了沉思。弟子们不知老师在看什么，都围拢过来。

子路问道："老师在看什么呢？"

孔子说："我在看水呀。"

"看水？"弟子们都用疑惑的眼光望着老师。

子贡说："老师遇水必观，其中一定有道理，能不能讲给我们听听？"

孔子凝望着泗水的绿波，意味深长地说："水奔流不息，是哺育一切生灵的乳汁，它好像有德行。水没有一定的形状，或方或长，流必向下，和顺温柔，它好像有情义；水穿山岩，凿石壁，从无惧色，它好像有志向。万物入水，必能荡涤污垢，它好像善施教化……由此看来，水是真君子啊！"

弟子们听了老师的一番宏论，无不惊讶，谁能料想，从司空见惯的流水中，老师竟能看出如此深奥的道理！

绿草如茵的河畔，弟子们围在老师身边，有的蹲着，有的坐着。老师拨动琴弦，弟子们跟着唱起歌来。歌声融进温暖的春天里，泗水河畔，洋溢着浓浓的师生情谊。

过了一会儿，弟子们三三两两地散开了，有的采花，有的捕蝶，有的垂钓，有的戏水，只有颜回和子路陪伴着老师。孔子说："可以说说你们的志向吗？"

子路是个急性子，老师的话音未落就先开了腔："我愿意把车马、衣服拿出来跟朋友们一块儿享用，就是用坏了、穿破了我也不会在意。朋友之间就应该有福同享嘛。"

温文尔雅的颜回经过深思熟虑，从容不迫地说："我希望成为一个不为自己表功的人。"

孔子用赞许的眼光看着他们，微微地点了点头。

子路问道："老师能和我们说说您的志向吗？"

孔子微笑着说："我就盼望着有那么一天，所有人在晚年的时候都能够安享幸福，朋友之间都能够相互信任，年轻的子弟们都能够怀有远大的理想。"

"颜回呀，听说你把自己的志向写进了一首歌里。何不唱给老师听听？"孔子说着，将琴推到颜回面前，颜回并不推辞，他调好琴弦，一边弹一边唱。孔子先是侧耳倾听，过了一会儿，竟情不自禁地手舞足蹈起来。

泗水河畔的春意更浓了。

古代孔子与弟子坐而论道的时候，有的人说做官最快乐，有的人说当富人最快乐，而孔子却说："春日里带着一群弟子，到郊外游玩，边游玩边唱歌最快乐。"是啊，教育，需要与春天同在！一个好的教师，也应当如孔子先生那样"寓教于乐，因材施教，教育无痕"才是啊！

学生们渴盼的是心灵的春天。每一堂课都会影响学生的生命质量。每一节课都应给学生带来成长或收获。身为人师，我们没有任何理由去浪费任何一节课，也没有任何理由去轻视任何一个学生！每个学生都是家庭的希望，都是祖国的未来。当学生身处学校当中，我们就有理由也有责任去用心呵护他们成长。

然而，呵护学生们成长，重要的不是今后他们该有多大的成就，该成为怎样的人，而是我们要用爱与赤诚陪伴着他们生活中的每一天。与学生们在一起，听着他们快乐地歌唱，我的心里升起一种从未有过的感动。我们常常让学生们学会感恩，其实我们更应该感激学生，是他们把我们带入童年，带到那个美妙的春天的境界。身为人师，是学生们让我们永远停留在童年、少年那纯真而美好的年华里。

苏霍姆林斯基说："关心儿童的身体健康，是教育者最重要的工作。"杜威认为："教育是生活的过程，而不是将来生活的预备。"我们要做的就是让学生们在快乐中健康成长，用正确的、干净的阳光和水源来滋养，他们才能长成参天大树！

享受当下的课堂，享受与学生们相伴的每一天，就如同享受美丽的春天那般。

学生们心中的那匹沉重的骆驼

每个学生都是天使，我相信。因此，学生们的心中是不应该放一匹沉重的骆驼的，那样，会阻止他们自由地飞翔。

有一天，我与六年（1）班、六年（4）班的同学们共同分享了一篇演讲稿，（4）班的同学听完后非常激动，发表了很多有趣的见解。其中最会发言的便是小洁，她的发言很有哲理，从中也可以看出她确实很有领导的能力，难怪五年级时全班同学都很佩服她。这个孩子因为父母离异，所以缺少身为女孩的一些淑女风范，但看到她的内心在慢慢强大与成熟起来，我感到很欣慰。那些离异家庭里的孩子，总是有一些内心里的不自信，他们所缺失的爱理应由老师补充上来。伟轩的思想一如既往的天马行空，虽然其他的孩子很难接受，但是他对自己的信心和对事物的热情让我确定他是一个很不错的孩子。要知道，在舆论的压力中，还能勇敢坚持做自己的人并不多。方正今天也说得非常好，他说考得好了，不能向父母要物质奖赏，还明白了学习是自己的事情。俊泰还是那样幽默，发挥他类似"小沈阳"的风格，听他发言总是充满喜乐感，他动不动便"亚历山大说""莎士比亚说"，多么有趣的见解啊！天悦也说了心里话，他说要享受学习的每一分、每一秒，而不能觉得学习是在"坐牢"，多么真诚的话语啊！杨洁、千慧、传勇、星宇等，还有好多学生都上台发了言。曾有名师说过："教师应把上好课作为最高的师德。"是呀，一节好课，会给学生带来终身有益的影响。从学生的表现与话语中，我发觉我们给学生们上台的机会还不够，讲台是老师的，但更应该属于学生，多让学生们走上讲台，那么在今后人生的舞台上，学生们一定会表现得越来越精彩。另外，我也从学生们的话语中看到了自己，这个班的学生变得越来越爱读书，变得有思想了，这正是我所期盼的！

（1）班的学生见到我，非常兴奋。或许是因为我是新老师，或许是因为学生们喜欢听我的课，他们见到我竟然不约而同地鼓掌了。在六年（1）班里，我感受到了学生们的真诚与期盼。同样是分享演讲稿，但我明显发现这个班的同学听得更加认真，因为他们对我的教学风格还处于新鲜陌生期。听完演讲稿后，我让同学们上台来分享想法，可真正敢上台的学生并不多，可见平时这个班的学生上台的机会较之（4）班更少。终于有几个学生鼓足勇气上台来，他们说得最多的是家长平日里对他们的教育问题，一致喜欢演讲稿中王宁父母那种对孩子的民主、尊重以及理解，可见家长们平日里给孩子在学业成绩上的压力是巨大的。家庭教育的重要性往往超过了学校。因此，家长的教育方式，对孩子们的教育来说是多么重要。

一节同样的课，却有两种不同的效果。从同学们的表述中，我发现压在学生们心底里的共同压力有两点：一是学业竞争的压力、升学的压力，二是家庭给的压力。我想，很多的家长都会意识到成绩只是人生的一部分，但真正能看透并愿意培养孩子们全面发展的家长并不多。科学的方法、正确的理念，方能教育出优秀的孩子。

与学生们在一起，始终是一件美丽而快乐的事情。我终于可以静下心来，写点东西，在自由的思想中策马奔腾，也终于可以融入学生的世界里，和他们一起迈着春天的步子。我的同学们，愿你们的心里满是春天！有抽出的新芽，有绽放的花蕾。

每日与诗相伴

一、清晨，播下好的种子

刚刚到海韵学校的时候，我教的是一年级。他们也是海韵学校的第一届新生。44个可爱的小脑瓜凑在一起，组成了一年（6）班这个大家庭。在新的教室里，每天早上我用"博雅神童听读机"打开一个又一个的故事，一首又一首的诗。于是便有了第一首：

播下好的种子

在早些，早些的时候，

我们播下一些种子，

有的，可能早些发芽，开出灿烂的花朵。

有的，可能晚些发芽，也开出灿烂的花朵。

因为，我们在孩子们心中播下的，

都是——好的种子。

二、下午，伴着诗歌回家

下午四时半，一天的快乐生活结束。学生们开始排队回家。我们开始踏着步子，背着《春晓》《山行》《江雪》……踏歌回家。于是有了第二首：

伴着诗歌回家

孩子，

你伴着诗歌回家，

踏着诗的步履，

和着诗的音韵。

在晚霞悄悄爬上天空的时候，

带着你的笑靥，

带着你的热情，

回家。

愿你与诗相伴，

一直走到海角天涯。

我有一个梦想，

那就是让你带着你的梦想之花，

从这里出发。

三、傍晚，遇见"七彩阳光"

夕阳在西边的海上悄然隐去，如小船的月亮轻轻荡漾在天海之上，一日已毕，回家的路途轻松而美好。于是，我写了第三首：

遇见"七彩阳光"

遇见"七彩阳光"，是因为孩子们。

有的孩子是红色阳光，他们热情而有活力，精力充沛，对世界有着无限的好奇心与探索欲。

有的孩子是绿色阳光，他们生机勃勃，如春天的嫩芽，开始绽放自己的花蕾。

有的孩子是粉色阳光，他们甜美可爱，讨人喜欢，温和地向世界问好。

有的孩子是橙色阳光，他们坚强勇敢，勇于挑战别的孩子不敢挑战的困难。

有的孩子是蓝色阳光，他们性格沉稳，做事稳重，在孩子堆里与众不同。

有的孩子是白色阳光，他们看似平淡无奇，但是世界永远缺少不了他们的纯真与善良。

有的孩子是灰色阳光，他们不是那么艳丽和璀璨，但正是因为他们的柔和，世界多了份平和与宽阔。

谢谢你们，可爱的孩子们，是你们让我的世界斑斓绚丽，美丽多彩！

四、梦里，一起看花开

昨晚梦见我带着学生们去河边，看见花开了。

在梦里，我还有了一个有关教学的启示。那就是要及时分析学生问题的情况，并做出有针对性、准确性的启发，对学生的问题切不可小视。因为学生们与老师面对面的机会并不多。思想的碰撞，智慧的火光在顷刻间闪现，灵魂交流的机会并不多。

孩子，让我们一起入梦，一同追梦，一起看花开，一起拥阳光满怀。

原来，如果一名教师，能用母亲的眼光看待学生，每个学生都是那样天真可爱。

语文，你好！

语文，犹如一支美妙的乐曲，它轻轻而来，余音绕梁。

语文，又像一位亭亭玉立的少女，在瞬间美丽你的眼睛。

语文，更像一位满头银发的智者，在皱纹间藏着无穷的智慧。

一节好的语文课，必定是让教师与学生都沉醉的。沉醉于书海，沉醉于字里行间，沉醉在作者丰富多彩的思想之中。沉醉于大文豪列夫·托尔斯泰《穷人》精彩的心理描写之中，沉醉于赵丽宏先生笔下的《山雨》之中，也沉醉于我国文学家鲁迅先生的一个又一个让人深思的故事之中。

思想真美。哲学家海德格尔说："所有的思都是诗。"在思考中，我们变得更加敏锐；在思考中，我们变得更加智慧；在思考中，我们变得更会行动。让我们沉醉于书海，在书海的天际遨游。多少次，我们争分夺秒，就是为了看完那一个个精彩的小片段；多少次，我们放弃其他爱好，就是为了与书中的人物进行一次精彩的对话。如果我们有了空闲，请一定把自己"泡"图书馆里。书，是人类灵魂的伴侣。有书的日子，必定是天蓝海碧的。

一节好的语文课，必定是深邃的。它深邃得像蓝蓝的天空，它深邃得像碧绿的大海。

从古诗文出发，我们共读《论语》《诗经》《唐诗三百首》《宋词三百首》《笠翁对韵》，我们共学《小学生必背古诗词75首》，我们共同感叹于祖先们的远见卓识，那些经得起时间考量的文字，值得我们去细细品味，深深回味。

书读百遍，其义自见。让我们汲取古今中外智者的智慧，变得更有深度，更有力度。

上好每一节语文课，已然成了我们的共同心愿。我感谢同学们能在课前认真背诵古诗，感谢同学们在课堂里能积极发言，感谢同学们能认真写好每一次作业。让我们对语文说："语文，你好！""语文，我爱你！"是的，学好语文，是我们每个中华儿女的必要任务。学好汉字，是我们每个中华儿女应尽的义务。

沿着书中那一行行的文字，让我们一起去了解我们的中华民族，了解我们这个民族的历史，走进我们民族的灵魂深处。我最喜欢梁启超先生在《少年中国说》里所写："少年智则国智，少年富则国富；少年强则国强，少年独立则国独立；少年自由则国自由，少年进步则国进步；少年胜于欧洲，则国胜于欧洲，少年雄于地球，则国雄于地球。"

亲爱的同仁们，让我们一起携起手来，一起传承中华民族的文化与历史，让我们的语文课变得更有尊严与智慧！可爱的同学们，愿你们能跟随老师的脚步，如饥似渴地阅读着一行又一行美妙的文字，胸有成竹地解开一道又一道奇怪的难题，让我们写好每一个汉字，写好每一篇作文。让我们在学习语文的过程中，变得更加坚强有力，就像雄鹰一样，展翅高飞！

一首蒲公英的诗

——日，我与学生们学习了《植物妈妈有办法》这一课，课堂上有很多有意思的片段，特记录下来，与大家分享。

一、生物、植物、动物

看到这个课题，我在想："我该弄明白什么呢？学生们会有怎样的困惑呢？"学生们看到这个题目，肯定想知道什么是"植物"——因为这个词，对于一个七岁的孩子来说，应该是比较陌生而深奥的。于是，我上网查了相关资料，深入研究了一下"植物"的概念。因为"植物"要涉及"生物"，于是我又查了"生物"的概念。在查"生物"的概念时，我又意外地发现了哲学家、教育家、科学家亚里士多德对"生物"进行了划分，他将"生物"划分为"植物"（一般不能移动的生命个体）和"动物"（可以移动的生命个体）。

万事俱备，只等上课了。

一上课，聪明且记忆力超群的小旭说："老师，这一课我早就会背了！"

"那好，既然你会背了，我想这一课大家肯定是学得非常好了！那么有谁能来告诉我，什么叫作植物啊？"我沿着小旭的问题发问。

学生们先是一怔，接着稀稀拉拉地举起了几只小手。这个看似简单却又复杂的问题显然对学生们来说有点儿难度了。

"植物就是像花草啦，树木啊之类的东西！"一语中的，虽然举例浅显，但切中要害。

"那什么是动物呢？"我继续追问。

"动物就是指马、牛、羊、狮子、老虎、大象之类的。"说得很准确。

"那请你们说说，动物与植物最大的区别是什么呢？"我把问题提高了几个难度系数点。

缤杰不假思索地抢答道："动物会动，植物不会动！"

此刻我才发现，学生们才是最伟大的哲学家，他们离真理最近。他们用纯真的眼光去看待世界、分析世界，世界在他们眼里，变得简单而朴素，但却真诚而又真实。我们往往小看了学生，其实是因为我们自己看到的世界太小太小了。我们要相信学生，这是一个多么简单而又朴素的真理啊！

二、关于蒲公英的诗

1. 蒲公英像什么

书中有这样一节：

蒲公英妈妈准备了降落伞，

把它送给自己的娃娃。

只要有风轻轻吹过，

孩子们就乘着风纷纷出发。

我为了帮助学生们更形象地理解这段话，用电脑出示了一张蒲公英的画面，然后引导学生说："蒲公英像什么呢？"在丰富的想象中，同学们开始进行了诗意的对话。

有的说："蒲公英像一个白色的球！"我说："从颜色来说，不错。"

有的说："蒲公英像一个大大的勺子。"我说："从形状来说，挺好。"

有的说："蒲公英像一个棒棒糖！"我说："棒棒糖，是幸福的童年味道。"

有的说："蒲公英像圆圆的棉花糖。"我说："多么有趣的比喻啊！"

还有的说："蒲公英像一个平底锅！"我纳闷地问："为什么像平底锅啊？"

"因为平底锅是圆的，蒲公英也是圆的呀！"小艺博非常认真地解释道。

一株蒲公英，在学生们的眼里，变得生动而诗意起来。孩子，原本就是天生的浪漫诗人。

2. 用"纷纷"来说话

课堂继续，在解释"纷纷"一词时，我问学生们："什么叫'纷纷'呢？"

"纷纷就是一个接一个地来，比方说我们早上纷纷来到学校。"

"那谁能用纷纷说一个句子呢？"

"上课了，同学们纷纷跑进教室。"有的说。

"下课了，同学们纷纷走出教室。"有的说。

"放学了，我们纷纷走出了学校。"有的说。

"秋天来了，树叶纷纷从树上落下来。"小凡说。

"冬天到了，雪花纷纷从天空中落下来。"小语说。

"春天来了，桃花开过了，又纷纷从树上落下来，好像下了一场桃花雨。"小西说。

从日常生活，再到诗意缤纷，学生们对生活的观察由平凡走向诗意。教学，是为了生活所需，为了让学生们现在、将来的生活更好，人生的品质更高，所以学生们需要学习。人类，追求诗意的栖居，那么，请从诗意的课堂开始。

3. 蒲公英飞到了哪儿

课临近结束时，学生们继续发挥自己的想象，将课堂推到了另一境界。

师问："蒲公英飞呀飞，它们要飞向哪里呢？"

有的说："蒲公英飞到了小区里。"

有的说："蒲公英飞到了公园里。"

有的说："蒲公英飞到了花园里。"

有的说："蒲公英飞到了草地上。"

有的说："蒲公英飞到了草原上。"

有的说："蒲公英飞到了大海边。"

有的说："蒲公英飞到了森林里。"

有的说："蒲公英还飞到了校园里。"

毛茸茸的蒲公英，最终飞到了学生们的心里，轻轻挠痒着学生们的心。

多可爱的蒲公英啊！

我接着问同学们："蒲公英为什么要离开自己的妈妈呢？"

"因为它们长大了，要离开妈妈去独立生活呀！"有的说。

"因为它们长大了，想要去世界各地旅行啊！它们想看看外面的世界啊！"有的说。

"因为它们长大了，要去别的地方继续生根、发芽，生下自己的宝宝啊！"

最后我问学生："假如你是蒲公英的孩子，你会对妈妈说什么呢？"

"妈妈，再见！我长大了，该到外面闯一闯了。"

"妈妈，虽然我离开您了，但是我依然还是会想着您的。"

"妈妈，谢谢您对我的养育之恩！我会孝顺您的！"

学生们开始了人生的思索。生命的本质意义离不开繁衍与生存，每一节课堂都应该立足于生命本质的需求，只有真正对学生有用的东西，才是每个学校与每位教师应当深深思索的东西。一所真正的好学校，一个真正的好教师，应当立足于学生发展的本质需要，这样才能真正激发学生的内在生命力。

一节令人难忘的课，一首关于蒲公英的诗。

是否真的"爱葫芦"

我常常在想，学生们是有哲思与智慧的，只是他们的哲思与智慧往往不善被人察觉而已。几日前我与学生们共同学习了《我要的是葫芦》这一篇课文，其中有几个很有意思的片段，耐人寻味，特记录了下来。

书中有这样一段话："从前，有个人种了一棵葫芦。细长的葫芦藤上长满了绿叶，开出了几朵雪白的小花。花谢以后，藤上挂了几个小葫芦。多么可爱的小葫芦啊！那个人每天都要去看几次。"

读到这段文字，最初我的感觉是：这个种葫芦的人是非常爱葫芦的，特别是从"那个人每天都要去看几次"这句话中能体会到。

于是我想引导学生们来体会："读了这段话，你们觉得这个种葫芦的人爱葫芦吗？"

本以为学生们的感受会与我一致，谁知孩子们却异口同声地说："他不爱葫芦！"

筱语说："如果他真的爱葫芦，为什么邻居劝他说有虫子的时候，他不去治呢？所以他是不爱葫芦的。"

涛旭说："他的爱只是临时性的，他虽然很爱，但不是真正的爱，因为最终他的葫芦全掉光了呀！"

学生们的回答真妙，七岁孩子的思维能力完全不在僵化的成人思维之下。

我对学生们说："是呀！你们说得真对。他并不是真的爱葫芦，如果他真的爱葫芦，他早就应该接受邻居的劝告了。"

提到"劝告"，又有孩子站起来说："那我们应该接受所有人的劝告吗？如果是陌生人呢？"一波未平，一波又起。

"当然不能接受坏人的劝告了！"有孩子大声地回答道。

"是啊，所以我们在接受劝告的时候，只能接受好心人正确的劝告，不是所有人所有的劝告都该接受的呀。"我补充道。

我的思绪继续与学生们一起飞奔，几个小小的蚜虫，最终却毁掉了已经长成形的非常可爱的葫芦。这些小小的"蚜虫"，就如同学生们身上最初出现的小小错误，如果不及时治理，最终会酿成大祸，毁掉果实。因此我对学生们说："小小的蚜虫，就如同你们身上小小的错误，如果爸爸妈妈及时发现了，认真治理了，那么你们很快就能发现自己身上的错误，捉掉身上的'小蚜虫'，你们会更加苗壮成长！因此，你们要感谢爸爸妈妈对你们的严格要求！"

学生们心悦诚服地笑了，下课的铃声从耳边响起。这一节课，却如同绕梁的音乐，不停地在我耳边回响。一节语文课，常有人将其定位于"读"，也有人将其定位于"语言文字的综合运用"。其实，产生思想、产生美感、产生爱与智慧也应是语文教学的一大目的。用语言文字来陪伴成长，让诗情洋溢，让新意时刻在语文课堂上流淌。

如何做一个"伟大"的人?

与六七岁的孩子谈论什么是"伟大"似乎有点为时过早,但这也许只是我们一厢情愿的想法。在成人的世界里,有时我们往往太高估了自己的能力。

一日在教学《日记两则》时,我询问学生们:"你们认为课文中的妈妈是一个什么样的人?"

有的说:"妈妈是慈爱的。"

有的说:"妈妈是善良的。"

雅婷说:"妈妈是伟大的。"

一时被雅婷的回答勾起了我的好奇心,便反问她:"你是从课文的什么地方发现的呢?"

没料到雅婷回答说:"文中的妈妈不仅给自己的孩子买东西,还给苗家的小姑娘买衣服与书本,而且妈妈还一直供苗家小女孩读书呢!"

联系课文,理由充分,真好。忽然灵机一动,我问所有的学生一个大的问题:"那我们如何去做一个伟大的人呢?"

学生们众说纷纭。

雅婷说:"要想变伟大,要从一点一滴的小事做起,不断去付出。"

雅莹说:"要想变伟大,现在就要好好学习,将来好好工作。"

思齐说:"要想变伟大,要学会保护他人。"

译航说:"还要保护我们的地球!"

乃宇说:"要多帮助别人,助人为乐呀!"

学生们的话语虽然质朴,却一字一句地敲打着我的心。

晚上回家,我问了女儿相同的话题。——"我们如何去做一个伟大的人呢?"

不满六岁的雨泽不紧不慢地答道:"要想变伟大,就要学习很棒,本领强,要好好学习呀!还要善良,多帮助别人,如果能懂得谦逊就更好了。"

我的心再一次被震撼。那些朴素得再也不能再朴素的文字，才是真理。我们自认为的教师的尊严感与荣誉感其实是一件不太光彩的事情，我们只是早一点比孩子了解这个世界，早一点储备了所谓的知识，但其实有时候，孩子们也是家长最好的老师。忆起韩愈《师说》中的那句古话："是故弟子不必不如师，师不必贤于弟子，闻道有先后，术业有专攻，如是而已。"

　　当我们俯下身子来看待学生，我们会明白学生企及的高度。同时，当我们俯下身子的时候，世界会变得更高大广阔。于是，我们在不断的成长中，慢慢变得伟大起来。

第四篇　诗意课堂——在雨露的滋润下绽放美丽

每一片叶子都会说话

<u>　　　</u>片叶子里的诗，也有独特的文字。让我们发现叶子里的诗，或做诗里的那片叶子。

第二堂课时，我带着八个文学社里的学生在校园里观察春天的叶子，发现极其普通的叶子竟也有不同的精彩。真是"一花一世界，一叶一菩提"啊！

现将学生们的话语整理成如下文字：

叶子的颜色是绚丽多彩的，

有鲜红色的，

也有深红色的；

有深绿色的，

也有浅绿色的；

有墨绿色的，

也有淡绿色的。

叶子的形状是各种各样的，

有的像一个手掌，

有的像一顶皇冠，

有的像一柄剑，

有的像一把小伞，

有的像一个绿色的草莓，

有的像一个好吃的苹果，

有的像一颗爱心，

还有的像奶奶手里的一根大大的绣花针。

叶子里藏着无穷的遐想，

有的叶子里藏着一片灿烂的晚霞，

有的叶子里藏着神经似的网络，
有的叶子被虫子吃过留下小洞，
有的叶子随着春风轻轻飘落。
前些天还藏在枝叶间的嫩芽，
没几日就已经飞速地长大。
那日还看不见的米粒状的小叶，
今天已经变成了指甲盖儿般大小。

叶子里还有着许多的小奥秘，
含羞草的叶子为什么会轻轻一碰便羞答答？
三叶草的叶子旁为什么过两天就开花花？
蒲公英的叶子嫩绿嫩绿为什么会长出小绒球？
黄玫瑰的叶子旁为什么会长出小刺刺？
苏铁的叶子为什么会像一根根扎人的小针针？
还有那盆勒杜鹃，
它的花怎么像一片片粉红的小叶子呢？

一个好奇的男孩摘下一片小叶子，
想要好好地观察一下。
另一个懂事的男孩告诉他，
一片叶子也是一个生命，
你没有权力剥夺它。

对呀！
一片叶子也是一个生命，
每一片叶子都会说话。

一个人的孝心比才华更重要

著名特级教师于漪曾说过："教文育人。"于老师的话虽简单，但却深刻。语文教学，绝不是单单为了应付眼前的考试，更多的是要面向生活，尽管考试也是学生生活中不可避免的一部分，但学习语文首先是为了生活，而不是考试。

昨天与学生们共同学习了《三个儿子》一课。这是一篇生动感人的生活故事，课文通过三个妈妈对自己儿子的夸奖和三个儿子在妈妈面前的具体表现来对比叙述，即当三个儿子的妈妈们拎着沉重的水桶走来时，嗓子好的只顾着唱歌，力气大的只顾着翻跟头，对妈妈手中的水桶却视而不见；而那个"没有什么特别的地方"的儿子，却跑到妈妈跟前，接过了沉甸甸的水桶。面对这样的一篇课文，学生理解起来并没有多大的困难。于是在课堂上我便围绕这几个问题展开了教学。

第一个问题是书上的："老爷爷为什么说他只看见了一个儿子？"孩子们争先恐后地回答，很快就说出了答案，我梳理为：因为老爷爷看到第三个儿子在帮妈妈提水，用行动在孝顺自己的妈妈，而前面两个儿子尽管会翻跟头、唱歌，却不知道关心妈妈，所以老爷爷这样说。

于是，我趁机进行了对第二个问题的追问："那从这个故事中，你们明白了什么呢？"孩子们七嘴八舌地回答起来。

有的说："我明白了要关爱妈妈。"

有的说："我明白了第三个孩子很爱妈妈。"

还有的说："我明白了前两个孩子只顾自己表演，全然没有顾及妈妈的感受。"

"是的，真正的爱在于行动，而不在于表演。"我适时地补充道。

"不要做语言的巨人，而要做行动的巨人！"小韩颇有哲理地说，其中的深意早已超过了他这个年龄能说出的话。

"对妈妈真正的爱不在于表演，而在于分担责任与重担。"小语继续补充道。

两个不足九岁的学生的精彩回答让我真想为他们鼓掌，这么富含哲理的话，我想与他们平时的阅读积累一定息息相关。是书本让我们思考，从而点燃了思维的火花，让我们的头脑越变越智慧。

课上到此，照理来说可以结束了，但我还想继续追问孩子们："那你们觉得文中的哪个妈妈最爱自己的孩子呢？"

"第三个妈妈最爱自己的孩子啊！"孩子们异口同声地回答。

"有没有人认为前两个妈妈也爱自己的孩子呢？"我接着追问。

教室里有了些许的沉默。

尔后，雅婷站起来说："我认为前两个妈妈也是爱自己的孩子的，因为她们为了孩子的成长也付出了很多的爱。"

小语说："我也认为前两个孩子的妈妈是爱自己的孩子的，只不过她们不该炫耀自己的孩子。"

不同的言论，充足的理由，令其他的学生们不得不服。我的心里也不由得佩服学生们敏锐的观察力和大胆的发言。要在众人面前坚持与众不同的观点，需要勇气，更需要智慧。而且我也非常赞同文中第三个妈妈的教育，对于自己的孩子，要如同藏有珍宝在怀，过多的炫耀则会招来危险。

中午在做练习册的时候，有一句这样的话："一个人的孝心比一个人的才华更重要。"如果一个人不懂得孝顺父母，纵使再有才华，也难见其善意。我们在培养孩子各种才能的同时，别忘了培养孩子的孝心、爱心，因为这更加重要。所以身为父母与老师，要爱孩子，更要会爱孩子。

且看，学生们的妙语连珠

我喜欢沉醉在课堂教学之中，与学生们一起遨游于思想的海，让课堂富有趣味与深度，让课堂富有温度与真情，是我课堂教学的一个目标。我最近连上了几节课，学生们的话语令我非常吃惊。且看：

1.《蜜蜂引路》

在《蜜蜂引路》一文中，我问："大家可以从列宁的身上学习到什么呢？"

"学习他那种虚心学习的态度，因为他常常会派人请养蜂人回来谈天。"

"学习他有幽默感，因为他说我有向导，是您的蜜蜂把我领到这儿来的。"

"学习他会动脑筋，因为他会根据蜜蜂，找到养蜂人的住所。"

"学习他很懂礼貌，因为他说话的时候，加上了敬语'您'。"

2.《揠苗助长》

在学习《揠苗助长》时，我问："我们从文中明白了什么道理呢？"

"不要太着急，禾苗需要慢慢成长。"

"要有耐心，做事不能太急于求成，心急吃不了热豆腐。"

3.《守株待兔》

在学习《守株待兔》时，我问："你们想对种田的人说些什么呢？"

"你不能总是坐在树桩旁边等兔子，不能只靠运气，天天幻想是不行的。要多干活，这样才会有收获。"

"靠运气只能靠一时，靠实力才能靠一世！"

两则小寓言，引发了学生们富有哲学意味的思考，小故事，大道理，寓言之妙。

4.《丑小鸭》

在学习《丑小鸭》一文时，因为学生们早就读过了《安徒生童话》，于是我引导学生们一步一步进行思考。

假设，你是丑小鸭的兄弟姐妹或妈妈，你会怎样对待一只长相这么奇怪的鸭子呢？

"我会爱护他，不管他长得怎样，他都是我的弟弟。"

"我要保护他，不让他受欺负。"

"我会依然爱他，虽然他长得丑，但并不代表他的心灵不美啊！"

假设，丑小鸭离开了家以后，你是他见到的陌生人，你会怎么做呢？

"我会收留他，给他好吃的、好喝的！"

"我会照顾他，养他到老。"

"我会把他带回家，悄悄地放在房间里，偷偷地照顾好他。"

"我会好心地收留他，直到他长大。但是他毕竟是野生动物，他有自己的家，我会等他长大之后，让他重新回到大自然里去。"

假设，你就是丑小鸭，当你发现自己变成了美丽的白天鹅，你会怎么想？

"我会谢谢农夫，感谢他的好心收留。"

"我会感谢鸭妈妈，是她把我孵出来的。"

"我也要感谢自己，因为是自己的坚强，才使自己变成了白天鹅。"

我继续追问，那从这个故事中，你们学到了什么呢？用一个词来概括。

"坚持。"

"勇敢。"

"学会选择。"

"善良。"

"充满信心。"

"拥有爱心。"

"学会等待。"

"学会忍受。"

……

5.《爬天都峰》

在学习完《爬天都峰》一文时，我让学生谈感受。

"我明白了要相互鼓励，多学习别人的优点与长处。"小雅说道，因为文中有"善于从别人身上汲取力量"这样一句话。

"只有战胜困难，才能看到世界的美丽！"小涵说。我不禁被这个八岁的孩子一惊。

"做事要果断、迅速，不要犹豫！"常常把自己埋进书里的小郭同学，终于从书里探出头来，发表着自己的独特见解。因为文中有一句话是这样说的："这么高，我在云彩上面哩，我爬得上去吗？"小郭这样想，也在情理之中。

"只要下定决心，就能成功登顶。"小戴说。小戴是班长，在班上品学兼优，在学校里的管乐队与打击乐队中都担任主角，压力自然比一般的孩子要大，也比一般的孩子成熟老练。

学生们七嘴八舌地发言，我将他们的话写下来，让其他学生们抄在课本上，在每一句富有哲思的话语后面分别记上了小涵、小郭和小戴的名字，并且要求他们背下来，学生们都备受鼓舞地背了起来。

此刻，我想着学生们，坐在桌前，远眺海边的南山，思绪再一次狂奔。我们只是看到了"黄山"的影子，但所幸的是我们已经来到了"山脚"，做好了要登顶的准备。去"黄山"的路啊，纵使崎岖险峻，但也奇特美丽！而人生路途的每一步，又何尝不是如此呢？

著名特级教师王崧舟老师说："素质教育其实是教师的素质体现。"作为老师，我们只能教自己所拥有的。但是，在学生们面前，与其说是我们教会他们什么，不如说是我们引导他们通过自己的灵性与敏感来发现真实、虚幻生活中的种种美好。让我们在课堂中下定决心，帮助学生成功登顶吧！

"君子淑女"课

一、第一次遇见"君子"

今天我们学习了《君子与小人》这一课。选文是这样的：

君子与小人

子曰："君子坦荡荡，小人长戚戚。"

子曰："君子喻于义，小人喻于利。"

子曰："君子泰而不骄，小人骄而不泰。"

子曰："君子欲于言而敏于行。"

我们先遵循了自创的学习古诗文的方法：一读、二背、三懂、四查，即一读正确，二背熟，三自悟，四查找资料来弄懂其中的道理，先是读背，然后是弄懂与查资料，最后完成课后的习题。在习题中有一道题是这样的："孔子认为，君子应该胸怀宽广，坦坦荡荡；君子要少说话多做事。你觉得君子应该是什么样的呢？像孔子那样写几句吧，写完了，别忘了签上你的大名啊。"

学生们便七嘴八舌地议论开了，然后开始满心欢喜地写了起来。

有的写着："君子谦虚，小人骄傲。"

有的写着："君子谦虚好学，小人好吃懒做。"

还有的写着："君子真诚，小人伪善。"

最有意思的是在共同交流的时候，欧阳梓烨说："君子以礼待人。"没有想到下半句的他尴尬地站在那里，坐在他附近的雷爽同学机智地接道："小人以貌取人！"全班哄堂大笑。大家又将他俩的对话整理为：

梓烨曰："君子以礼待人。"

爽曰："小人以貌取人。"

全班再次哗然一片。

他们嘀嘀咕咕地说着："子钒曰""雅莹曰""文熹曰"，更有同学大胆地说着"锦花曰"，我被孩子们逗乐了，"扑哧"一声笑开了。

学生们继续边写边会心地笑着，冬日早晨的课堂倏地温暖起来，八岁的儿童们开始了关于君子与小人的人生思考。而我，在这片依旧葱绿色的麦田里，满眼生机勃勃，用心守望，期待那片金黄金黄的麦田。

二、真正的"君子"与"淑女"

"自在飞花轻似梦，无边丝雨细如愁"——每当我读及这两句极美的诗时，便会想起"思雨"。丝雨丝雨，思雨思雨，都是极美极美的事物。

思雨是我的学生。我虽然从四年级才开始教她，但在一年级时我就认识了她。在早晨出早操时或是（4）班排队外出时，我总能见到小思雨。这个有着大大的眼睛的小姑娘，她有着铿锵有力的声音，常常在队伍前、队伍中管理着班级纪律。这个小姑娘给我留下了极深的印象，那就是英姿飒爽，"巾帼不让须眉"。

后来，因为有时帮同事代课，我也会去（4）班上课。我每次去，总是能见到思雨在班级里管理纪律。那时候，班级换了好几位老师，班级纪律开始越来越涣散，同学们有时甚至会大打出手，偶尔也会相互嘲笑。每当我看到思雨时，总被她的"狮子吼"和"怒目圆睁"所惊到。我在受惊的同时，也开始隐隐地担忧，担忧思雨的个性会引起同学们的些许不快，也担忧班集体会越来越乱。

再后来，也许是因为缘分，从四年级起，我开始接手这个班级的语文教学，我也未曾预想自己会与他们有三年的缘分。他们班是出了名经常挨批评的班级，他们虽然经常激怒我的"豹子功"，偶尔还把我这位年轻的"老教师"气得抹出几滴眼泪来，但他们真挚、感恩和热切的心与极富有思想的头脑，让我深深地喜欢上了这个班的每个孩子。思雨就是我最欣赏的一个。

还记得第一节语文课，我给孩子们上的不是正统的"语文课"，而是一节"君子淑女课"。第一节课里，我们学的就是如何做"淑女"和"君子"。

我们开始读《诗经》中的《关雎》——关关雎鸠，在河之洲。窈窕淑女，君子好逑。

又读《诗经》中的《淇奥》——瞻彼淇奥，绿竹猗猗。有匪君子，如切如磋，如琢如磨，瑟兮僴兮，赫兮咺兮。有匪君子，终不可谖兮。

瞻彼淇奥，绿竹青青。有匪君子，充耳琇莹，会弁如星。瑟兮僴兮。赫兮咺兮，有匪君子，终不可谖兮。

再读——手如柔荑，肤如凝脂，领如蝤蛴，齿如瓠犀，螓首蛾眉，巧笑倩兮，美目盼兮。

我们在《诗经》中开始认识"君子"与"淑女"最美好的模样，接着读起了《论语》中"君子"的语句——

子曰："君子周而不比，小人比而不周。"

子曰："君子怀德，小人怀土；君子怀刑，小人怀惠。"

子曰："君子喻于义，小人喻于利。"

子曰："君子坦荡荡，小人长戚戚。"

子曰："君子和而不同，小人同而不和。"

子曰："君子泰而不骄，小人骄而不泰。"

子曰："君子上达，小人下达。"

子曰："君子求诸己，小人求诸人。"

同学们读得似懂非懂，思雨也睁大了好奇的眼睛。我在心里期盼着思雨能快些长成"思雨"的样子，而非是一个比男生还"威猛"的女生。

时光慢慢划着桨，我们在课堂上轻轻地泛着舟。从古典的诗词，到现代的歌曲，再到现代的诗歌与课外的阅读，阳光开始渐渐爬上孩子们的脸，温柔、天真、好奇渐渐打动孩子们的心，他们开始极富灵性地表达着自己的心。思雨便是表达得令我印象最为深刻的一个。她爱写作，文章写得既好，又快，还常常引经据典，且非常适当，我渐渐被她的勤奋与努力所征服。同学们也开始重新认识一个全新的"思雨"，她不再有"狮子吼"，取而代之的是平等友善的微笑；我也没有再见到思雨有过任何"动粗"的现象，只记得小鹏同学非常"绅士"地帮她拎琴。思雨，一个原本极像男孩的女孩子，终于有了个女孩该有的样子。

有一天演讲时，思雨的演讲稿写得极好，她还精心做了准备。谁都看得出来，她很努力，也演讲得非常好。我很欣慰，也很高兴看到了时光在她身上雕刻的痕迹。我衷心地祝愿思雨同学能成为最可爱、最优秀的女孩！愿她交到更多的朋友，成为一个美丽又出色的女孩！

"君子淑女"课，这是语文课本里没有的课，但的确是深受孩子们喜欢的课。著名特级教师于永正老师说得好："我们不是来教语文的，我们是用语文来教人的。"让我们在课堂里教人，而不是教课。

母爱是有价的还是无价的

心弦总是在不经意间被轻轻拨动。今天我与同学们共同学习了《妈妈的账单》这一课，该文大意写的是一个非常可爱的德国孩子为妈妈做事，因为受经商的父亲所影响，他向母亲列了一张账单索要报酬。文中的德国母亲收下了账单，按照孩子的账单付给了孩子报酬，并附赠了一张零元的账单给孩子。孩子最终领会了母亲的付出，并将母亲付给他的报酬悄悄地还给了妈妈。

颇有意思的小故事，有很多爱需要在实践中学习。爱母亲，是人类最美好的情感之一。我没有做太多的深究，我想让学生们细细回味这个故事。二十分钟后，这节课的教学就完成了，我们开始做训练册。训练册里有一道课外阅读题，题目为《母亲的价格》。文中写到，母亲的价格一年值63.5万美金，相当于公司的大总裁。这个数字真令我吃惊，孩子们也明显被震撼到了。有孩子在盘算着这63.5万美金究竟值多少人民币，好家伙，还真有经济头脑！有一道题是这样的：你认为母亲的爱是有价的还是无价的？为什么？孩子们各抒己见，纷纷表达自己的见解。

小涵说："母爱是无价的，因为母亲的爱无比珍贵！"

小郭说："母爱是无价的，因为一寸金子一寸母爱！母爱比金子还宝贵！"

小钒说："母爱是有价的，也是无价的。"

我当下心里一惊，这个学生接着说："说母爱有价，是因为母亲的爱是非常有价值的；说母爱无价，是因为母亲的爱是无法用金钱来衡量的！"

小钒的思想令我佩服起来，这个九岁的孩子，从平日她的作文里便可以读到她思想的灵气和文笔的流畅，没想到课堂上竟有如此表现！

当然，小郭的表现也相当令人佩服。

题目中还有一道造句题，用成语"心安理得"造句。他们以前没学过这个成语，学生们明显发愣，小郭思考了一会儿，站起来说："如果你一直用母亲的钱还心安理得，那么你就是名副其实的啃老族！"

好家伙，用了一组"关联词"，还运用了两个成语！真棒！

当一个教师遇见并培养了令自己佩服的学生时，也是一种莫大的欣慰。我对学生们说了两个观点："一是要珍惜与母亲相处的时间，因为终有一天，你们要离开母亲，去外求学，成家立业；二是要靠自己，不要当啃老族。"

我把小郭的句子改了改：

"如果你二十五岁了，还心安理得地接受母亲的金钱，你就是名副其实的啃老族。"

"如果你二十五岁时，就能够自食其力，自己赚钱养活自己，那就是一种光荣。"

"如果你二十五岁时，不仅能够自食其力，还能够赚到很多的金钱来养活世界上的很多人，那就是一种伟大！"

沉闷的课堂顿时充满了力量，我看见智慧的种子正从泥土里冒出芽儿来。原来师生的课堂里，也可以有一种智慧共生、互补的美妙体会。

第四篇 诗意课堂——在雨露的滋润下绽放美丽

有滋有味的调味课

个教师最崇高的师德是上好自己的专业课，这远比单纯说爱学生重要。既然是爱，就必须负起责任来，对于学生们的教育亦是如此。因此，课堂里不能有半点的马虎。一个教师最快乐的事情也是上好自己的专业课，在师生共同成长的生命里体会当下的幸福与快乐。教师，应该当每个孩子生命里的贵人，但其实，学生们又何尝不是教师生命中的天使呢？

与"天使们"在一起的心情，不用说也是愉快的。我出差了一周，停了一周的课。学生们见到我，分外亲热，有的学生甚至对我说，"老师我好想上语文课啊"！我的心情亦是如此，每当走进课堂里，心底总产生一种庄严的情感。每当我与学生们一起忘乎所以时，心情总是难以言表的愉快。

小学语文第六册第六单元的语文园地里有这样一段话："草本蒜，木本椒，大葱生姜做佳肴。食盐咸，米醋酸，豆瓣辣酱味道鲜。"教学的目的在于引导学生认识其中的生字与生活中的调味料。由于长期的训练，我已知晓学生们认识这里面的生字已不在话下，我更想了解的是学生们的生活本领究竟练得怎样。

于是，我大声问道："同学们，你们中会做饭的请举起手来！"

哗哗哗，教室里一时小手如林，五十多个学生，只有四五个没有举手，原来大多数学生都会做饭。我有点吃惊，我知道这里面有很多的"小王子"和"小公主"。

于是我接着追问道："那请你们说说，除了儿歌中提及的，你们还认识哪些调味料？"

"料酒、生抽、香菜、黑胡椒、白胡椒、八角、孜然。"大家七嘴八舌地补充着，连平时发言不多的城城也充满自信地说着。看来学生们确实非常有底气。

"那请你们说说，你们平时会做什么菜呢？"我继续问着同学们。

小手依然如林，自信满满。

家中开饭馆的志阳说："我会做可乐鸡翅、水煮牛肉……"

一向独立的缤杰说："我会做西红柿炒鸡蛋……"

能干且开朗的嘉芯说："我会做炖排骨……"

胖嘟嘟且可爱的元昊说："我会做鱼翅燕窝。做鱼翅要用鸡汤，因此先要煮好鸡汤，再将鸡肉取出来，然后再来做鱼翅。而鱼翅先要泡软……"

他们对吃的话题非常感兴趣，一只只小手举得更高了。我一一表扬了能干的学生们，下课的铃声在不知不觉中响起来了。

下课了，同学们围成一圈，他们继续讲着调料与自己会做的美食。语文教学中的那些生字词已经没那么重要了，我知道同学们的确是有了收获。我们常常狭隘地以为教育仅仅等于测试，那是多么可悲而残酷的事实啊。在学习与日常生活中，我虽不能教给学生们全部的技能，但至少我能保证孩子们的小学语文学习是丰富有趣的，而且必须是有生活痕迹的。正餐大菜必须有，但调味佐料会让饭菜更加可口好吃。教学之道，不亦如此吗？

别具一格的"播报作业"

孩子们在微信里完成背诵作业已有近三个月了。日复一日地背诵，让孩子们养成了良好的背诵习惯，更重要的是，他们的口语表达能力在不断增强。

背诵虽说是语文学习的一大方法，但灵活运用也是必不可少的。正好岳麓书院的学规里有这么一条："通晓时务物理。"同学们是该倾听一下现实世界里的声音了。虽说远方和诗浪漫而美丽，但我们大多数人的大多时间都要面对现实的生活。于是，我便布置了播报新闻的作业：要求同学们在端午假期寻找有价值且具有正能量的新闻，内容要涵盖政治、教育、环保、学习等。

今天我看到同学们发来的视频作业，大大出乎我的意料，同学们将此作业完成得非常出色。

元昊同学播报的是校园捐旧衣服的新闻，而且这篇新闻稿完全是他自己写的。

诗淇、小帆等播报的是端午新闻，因为正值端午假期。

雪旸播报的是体育新闻，因为足球杯正是当下的热点话题。

子可播报的是高考话题，恰逢高考，交警给考生提供了大大的方便，正能量满满。

子钒播报的是海洋环保话题，因为近期正离海洋日很近，非常特别。

思源同学播报的是有关荔枝的新闻，语涵播报的新闻非常有趣，小爽播报的安全新闻则令人深思。

从学生们的精心准备里，我看到了一颗种子又悄然地播种在他们心底。作为园丁的我，必须负责浇水、施肥、灌溉，帮助他们长成美丽的森林。孩子们，加油！我们要紧盯一道道"关卡"，更要看到"关卡"后的"远方"。我希望同学们能顺利地度过中考、高考的"关卡"，更希望同学们有更多的底气与本领来迎接社会"关卡"后的"远方"！如此看来，教育绝非只是一时的事，更是一世的事！

为什么而读书

我很喜欢《为中华之崛起而读书》这一课。

书中有这样一段话耐人寻味。——我们为什么而读书？同学们踊跃回答。有的说："为明理而读书。"有的说："为做官而读书。"也有的说："为挣钱而读书""为吃饭而读书"……魏校长并没有做任何的肯定。

课上我就此段反问同学们："难道为这些目标而读书不好吗？"同学们各抒己见，纷纷发言，很快就找到了关键所在。——是因为这些目标是从个人利益出发的。学生们的思考让我看到了现代儿童的敏捷思维。于是我顺势总结："一个人若想成为伟人，就要从小树立远大的志向，要胸怀祖国，心系人民。"孩子们也似懂非懂地记下了。

是的，一个人的胸怀影响着一个人的格局，一个人付出的多少也决定了他的收获。在今天，同学们学习这一课的意义何在呢？是塑造学生们都要有伟人情怀吗？那自然是好。但毋庸置疑，今后大多数学生要成为平凡的普通人，成为一名合格的中国公民，时代在变迁，我们的学生们究竟是为了什么而读书呢？

课后我布置了作业：让学生们在作文本上以"我为（　　　）而读书"为题写小作文。同学们在作文本上是这样写的：

"为了梦想而读书""为了科技发展而读书""为了世界和平而读书""为了中国强大而读书""为了幸福而读书""为了知识而读书""为了孝顺父母而读书""为了快乐而读书"……

我庆幸我们身处的时代，庆幸我们脚下这片坚实的土地，且非常欣慰学生们的成长。

独立or危险

今天与同学们共同学习了《乌塔》这一课。这篇课文讲的是一位14岁的德国女孩独自游历欧洲的事情。这篇课文里有这样一个问题：乌塔这样做好不好？

我先是让学生们举手表态："请同意乌塔这样做的同学举手。"哗哗哗地，教室里有三分之二的同学举起了手。我接着又问："哪些同学是不同意乌塔这样做的呢？"几只小手在众人的质疑中勇敢地举了起来。小郭同学在一旁着急地嚷着："我持中立的观点。"见此良机，我挑选了4名同意的同学作为正方，4名不同意的同学作为反方，保持中立的同学进行总结陈词，开始了辩论。

九名同学在讲台上开始唇枪舌剑地开起"辩论会"来。

正方一辩子钒说："我认为乌塔这样做很好。因为这样可以锻炼自己，让自己早日独立。"

正方二辩雅莹说："我觉得现在中国的孩子太娇气，太依赖父母了，我们应该向乌塔学习。"

正方三辩缤杰说："我从书中看到乌塔在出行之前就计划好了路线，安排好了日程，所以我觉得她的准备很周全。"

正方四辩昊宇说："我从书中发现乌塔的旅费是自己挣来的，她去发广告、传单和照顾孩子，既帮助了别人，又获得了报酬，所以我认为乌塔做得很好！"

反方一辩雅婷说："毕竟乌塔只是一个14岁的女孩，一个女孩单独出门在外，很有可能遭遇危险，所以这种做法不好。"

反方二辩筱语说："一个人出门，有可能被绑架，要是遇到了这种危险怎么办？"

反方三辩诗淇说："一个人出门，没有照应，万一出了事，爸爸妈妈爷爷奶奶会很伤心的！"

反方四辩梓烨说："现在社会上有些坏人，会拐卖儿童，将小孩卖到偏远的地方，甚至摘卖器官，这种行为非常可怕！"

双方在第一轮个人陈述后，又进行了第二轮自由辩论。

正方举出事例，说自己就是经常与13岁的姐姐出去玩，却很少遭遇危险；反方雅婷也针锋相对地说，有时危险只在一瞬间……

最后，小郭总结陈词："独自旅游可以看到外面的风景，见见世面，但也容易遭遇危险，建议同学们结伴外出，这样既摆脱了对大人的依赖，又能够相互照应。"

辩论结束后，我也对学生们的发言进行了总结，阐述了自己的观点："首先，我非常欣赏乌塔这种独立的精神，例如，花三年的时间去了解即将旅行的地点，阅读相关书籍，自己挣旅费，这都是我们应当学习的地方；其次，由于国情的不同，同学们在培养自己独立性的时候，也要随时注意自身的安全。"

亲爱的同学们，你们总会长大。总有一天，你们要学会逆风飞翔！早点独立，这既是一种困苦的磨砺，也是一种自由的幸福。

记一次演讲比赛

如果能够有所选择，我始终愿意与学生们在一起，因为他们能深深地打动我的心灵，拨起我心中那根快要生锈麻木的弦。尽管学生们中有的调皮捣蛋令人头疼，但热爱孩子们的心，从十九年前我踏上讲台的那一刻就从未停止过。学生们的热情、天真、烂漫、好学、博文、单纯，如同阳光一般照耀着我的心。就拿今天的演讲比赛来讲吧，真是一次非常有意思的尝试。

语文课本五年级第六单元是一次综合性学习，题目为《信息传递改变着我们的生活》。这个单元我安排了让学生写调查报告，开展演讲比赛、辩论比赛。今日的演讲比赛就是其中的一个环节。

且看同学们的表现吧！杨心程同学沉稳大气，第一个演讲不惊不慌，挥洒自如；张璐同学演讲的是环保话题，准备充分，评委和观众都被深深吸引了；陈语涵同学声音甜美，态度大方，善于当场创作；戴缤杰同学的演讲也非常精彩，引用名言、故事，谈了有关世界和平的话题，同学们和我都心生震撼，他也获得了本场比赛观众现场投票的最高分；张博伦同学选择的是绿色阅读的话题，他引用冰心的"读书好，读好书，好读书"的话，从这三个角度号召同学们热爱绿色阅读；谭姿烨同学一改往日的羞涩腼腆，在演讲时大方自信；李孟瑶同学虽然拿着稿演讲，但能看出她已有明显进步；黄鑫铠同学演讲的是劳动的话题，给一向很少劳动的同学们带来很好的思想启迪；曾梓桐同学演讲的是竞选班长的话题，从中可以看出她的大志向；胡天雅同学克服了昨天晚上想要弃赛的念头，今天顺利地完成了演讲；周炜同学演讲时铿锵有力，说理透彻，我们能从中看出他是一个睿智的男孩子；我喜欢孟思雨同学写的演讲稿，她竟然运用了我平时教的古语，且引用得非常准确恰当，我从中看到了这个女孩的蕙质兰心。

从学生们的演讲中，我读到了他们共同的心声，那就是他们热爱和平、热爱地球、热爱环保、热爱动物、热爱植物……他们小小的心灵纯净透明。他们关注最多的是人类共同的命运，以及共同的命运体，真是"有志不在年少，无志空长百岁"！儿童的眼光往往是最敏锐最本真的，在他们纯真的心灵当中往往潜藏着大智慧。有人说，儿童是天生的诗人。而我认为，儿童也是天生的智者、哲学家。作为教师，我们有时候也理应蹲下来，倾听来自儿童世界的智慧。教学相长，我感激学生们的成长，感激学生们带给我成长的动力与源泉。在语文学习的道路上，我们终于可以交流思想、倾听心声，这是极美极乐的事。

属于我们的诗

诗，是我们心中美丽的歌。诗，更是孩子们心中最美丽的语言。一个孩子本身就是一首诗歌。一颗童心一首诗，一个梦想一首诗。在语文教学的路上，我们一边读着《日有所诵》《唐诗三百首》《宋词三百首》《小学生小古文一百课》，一边开始小心翼翼地进行写诗的尝试。

在课间，我们看到天上飘动的白云，我们就看云写诗；放学时，我们路过美丽校园的锦鲤池，看到鱼儿在睡莲旁游弋，我们便为鱼写诗；上课时，忽而来了一场急促的雨，我们便听雨写诗；当秋天金桂飘香、硕果累累之时，我们便赏秋写诗。我们用眼睛、用心灵、用文字编织着一个七彩的童年梦。现在，请看看我们稚嫩但纯真的"诗"。

（1）为鱼写诗

我要做一条鱼

海韵学校五（6）班　谢乃宇

我要做一条鱼，
　永永远远，
　在美好中呼吸。

我要做一条鱼，
　自由自在，
　在美好中生活。

我要做一条鱼，
　在浩瀚的大海中游荡，
　吐出带着梦想的泡泡。

我要做一条鱼，

在第七秒痛苦，

在第八秒忘记。

我要做一条鱼。

鱼

海韵学校五（6）班　连雅莹

鱼儿，鱼儿，

如果你不能成为海里的鲨鱼，

那就当尾小鲈鱼吧！

但要当湖里最活泼的小鲈鱼。

湖里的小鲈鱼，

上蹦下跳，精彩极了，

十分可爱。

一会儿游到这儿，

一会儿又游到那儿，

这是在玩捉迷藏吗？

我站在岸上，

大声喊道：

"这儿，这儿，

那儿，那儿。"

兴奋极了！

我并不想捕捞你，鱼儿，

我只愿你在清澈见底的湖里，

嬉戏，与同伴玩闹，

没有任何苦恼，

天真无邪。

鱼儿，鱼儿，

看着湖里那小巧的身影，

我知道那是你，

娇小玲珑、可爱天真、自由自在，

可真幸福啊！

鱼儿，鱼儿，

你十分吸引我，

我可真喜欢你呀！

你真可爱啊！

池中的鱼儿想什么

海韵学校五（4）班　曾梓桐

鱼儿，

你们是多么快活，

多么美丽呀！

有的披红外衣，

有的披金外衣，

有的披黑外衣……

谢谢你们为我们校园做观赏鱼，

让这美丽的校园更加美丽。

你们看似在池中快活地游动，

并且有睡莲姑娘的陪伴，

其实，我知道你们在想什么，

你们想的是"自由"，

因为你们更向往大自然。

所以，鱼儿们，

祝你们早日解放。

假如鱼儿跳出水面

海韵学校五（6）班　张璐

五彩的珊瑚礁闪闪发光，

一条、两条、三条……

这是什么？

是鱼儿呀！

水里的鱼儿呀！

看！

它们跳出了一道弧线，

它们跳到了哪儿？

跳到了有孩子的地方，

和孩子们共享时光去了！

游乐场里，

孩子们欢声笑语。

鱼儿们呢？

在孩子的笑声中呢！

穿梭在一个个红扑扑的脸蛋上，

游啊游，扭啊扭。

多么欢快呀！

孩子们的嘴角上，

有着一个个鱼唇般纯洁的微笑。

校园里，

琅琅书声的清脆，

谦谦君子的韵味，

窈窕淑女的轻柔，

鱼儿们好不喜欢！

它们呀，

调皮地钻进孩子的心里啦！

"鱼"字！"鱼"字！

孩子们高兴地嚷着，

鱼儿们害羞地低着头，

吐出一个个泡泡，

这可是知识的力量！

假如鱼儿跳出水面，

它们，一定会去的，

到有孩子的地方

遨游……

鱼

海韵学校五（6）班　姜子皓

鱼，

它们本该在水里，

自由自在地生活着。

可是，

现在的许多鱼类，

都被囚禁了起来。

没有自由，

受到拘束，

那是多么难受啊！

如果我是一条鱼，

我要带领大家，

逃出人类的囚禁，

回到小河里，

湖泊中，

大海里，

享受着属于自己的自由。

如果我是一条鱼，

如果我看见一个同类，

正要被其他生物做成美食的时候，

我要去拯救它们，

带它们回家。

即使，我是一个人，

我也要尽全力去保护鱼类。

鱼，也是生命，

它们也应当拥有自己的权利。

因此，请大家还给它们自由，

还给它们自己生命的决定权。

（2）听雨写诗

雨

海韵学校五（6）班　张璐

今日之雨，

瓢泼浩荡，

倾盆而下，

滴之洒脱。

窗外雨声潺潺，

斜风飒飒而来，

风吹雨，雨似雾，

窸窸窣窣的雨声，

似波涛汹涌，

又似少女抚琴，
流入你的心，
沁入你的心。

淫雨霏霏，
如雨帘悬挂在空中，
不停不尽，
在阴云间尽显其美。
大雨滂沱，
似离弦之箭，
铺天盖地而来，
朦胧而不失力度。

今日之雨，
吾之喜也，
雨泻而下，
吾之心惊！

雨

海韵学校五（4）班　闫淼

滴答！
一声轻响，
它落地了。

独问雨：
你有家吗？
空灵的回音：
有，也没有。

它在我的眸子里，

在我的心里，

在我的灵魂里，

它活在我的伊甸园中。

赏雨

海韵学校五（6）班　戴缤杰

窗外之雨，

如粗针，如细杆。

倾盆而下，毫无隐匿。

响，

如众马疾驰，

似波涛汹涌，

响彻云霄。

不失暴雨之气派。

静，

瞑眼倾听，

如温柔的弦乐四重奏。

柔情似水，

有如诗情画意。

雨，

虽不如河水之澎湃，

溪流之潺潺，

却形态万千，别有一番趣味。

今日之雨

海韵学校五（6）班　范晓敏

风雨变化多样，

天气无不变之日，
今日，天阴沉沉的，
下着雨。

雨有时候像小姑娘，
柔情似水！
有时候像个老巫婆，
凶狠无比！

早晨的雨，
可分为三场。
第一场，
像
小鸟热情高歌！

第二场，
如
一颗颗流星撒落人间。

第三场，
似
饥饿的豺狼虎豹！

这就是雨！
不一样的"脾气"啊！

雨

海韵学校五（6）班　张诗淇

滴答滴答，
下小雨了！

你是天空的精灵，
　　云的使者。
　　生气时，
　　如针、如剑；
　　温柔时，
　　如丝、如线。

　　在漆黑的夜里，
滴答滴答的声音，
像一群欢快的音符，
跳荡在我的心上。

　　静静的夜，
　　雨声滴答。

雨

海韵学校五（6）班　夏雪旸

　　天上的雨，
　　飘落在地上。
　　滋润了大地，
　　长出了青草。

　　天上的雨，
　　飘落在溪里。
　　融进了水里，
　　欢腾了鱼儿。

　　我在学校，
　　看着飘雨，
滴答滴答滴答……

雨

海韵学校五（4）班　谭姿烨

今天，
又是一个下雨天。
望着那如幕布般的雨，
心中的烦恼
似乎都被雨水冲散。
却又有一种忧伤，
遍布心中……

雨，
时而如抚摸婴儿，
时而如天公震怒，
时而丝丝飘洒，
时而倾盆而下，
飘浮不定。

雨，
停了。

寻找雨后的彩虹，
渴望从这美丽的色彩中，
看到未来的颜色。

明天，
一定会更好……

雨

海韵学校五（4）班　王紫怡

"哗啦哗啦"

是谁在歌唱?

伴着鼓点,和着琴音,

仿佛是天上派来的音乐使者。

给大马路涂了层润滑油,

让汽车和行人随时都可以"溜冰"。

而这个音乐使者走后,

世界将焕然一新。

雨,改变了世界的颜色。

雨落在草地上,

草地变成了绿色。

雨流到小溪里,

小溪染了层蓝色。

雨滴在花朵上,

花朵变成了彩色。

雨,又变成了魔法师。

雨

海韵学校五(4)班 于朋昊歌

听,雨落在地上的声音,

哗啦——哗啦——

风吹动树叶的声音,

唰——唰——

车穿过雨中,在雨中飞驰,

短促而焦急鸣笛的声音。

这些交织在一起,杂乱却动听,

如同雨的音乐……

雨

海韵学校五（4）班　盘天凯

地球妈妈，你为何哭泣？
哭得如此惨烈，哭得如此磅礴。
是因人们乱砍树木，
造成水土流失，泥石流爆发吗？

地球妈妈，你为何哭泣？
哭得如此凄凉，哭得如此悲壮。
是因人们建的工厂太多，
造成空气污染，地球恶化吗？

地球妈妈，你为何哭泣？
哭得人们回不了家，哭得人们全身湿透。
是因您想报复人类，
所以越哭越伤心吗？

地球妈妈，我们会做好，
我们会做得更好，
让你抛掉伤心，迎来一片璀璨的笑容。

雨

海韵学校五（4）班　孙子涵

清晨有雨，
如倾盆般泄下；
午间时分，
又似银丝飘落。

在这朦胧的雨中，
只有人影若隐若现。

啊，忙碌的人们，
只为那风雨后的彩虹。

春雨

海韵学校五（4）班　陶世璞

无穷的雨，
滴滴答答，
滴滴答答。

微风一吹，
小草尽情地跳舞，
小花欢乐地歌唱，
小树们张开大嘴，
咕嘟咕嘟，
"喝水，喝水！"

我种下一棵树苗，
盼着它和我一起，
在雨中慢慢长大……

雨

海韵学校五（4）班　张鑫海

漆黑夜空，
天空流下月里的泪，
拥有着世界，
大面积地悄悄飞落着，
那是神仙们赐给我们的甘露。

乌云底下，
有着千万滴水飞落，

空气中的热闹，
引出人们欢乐的一面。

地上的植物，
期盼着雨水的来临，
滋润万物生机勃勃，
雨水为自己而感到骄傲。

随着暴风雨，
小雨们开了个派对，
请了雷公与乌云，
一起在空中，
跳着精彩的舞蹈。

雨

海韵学校五（4）班　姚颖怡

滴答！滴答！
听！雨儿在唱歌，
歌声是多么动听啊！

随着雷公公的鼓声，
和着风叔叔的笛声，
变得更加动听。

小草从地上探出头来，
花儿绽放，柳树跳起舞来，
大树爷爷从梦中醒了过来。
雨儿的歌声滋润了万物，

这一切好像都活了！

雨

海韵学校五（4）班　熊龙翰文

雨，

像一朵棉花，

轻轻地落在地上。

就立刻变为一滩浊水。

雨，

像一把尖尖的刀，

落在地上，

发出清脆的一声，

像响指一般，

仿佛走进音乐的世界。

雨，

是地球母亲的眼泪。

地球母亲在哭泣，

让我们安慰"她"吧！

让"她"不再哭泣。

雨，

是多有趣的啊！

雨

海韵学校五（4）班　蒋鹏涵

雨落窗沿，

风飘天际。

滴答滴答，

疑似钟声，

和着琴鸣，
一直沉一直沉的，
是谁的心？

雨的到来

海韵学校五（4）班　曾梓桐

雨，
她的到来，
让世界焕然一新。

她晶莹剔透的外衣，
她纤细的身材。
雨，
使人仿佛看见了，
一幅她画的油画。

每一滴雨
降落在斑马线上，
形成了一章乐谱。

雨，
用自己纯净的身体，
帮助清洁大地的环卫工人们。

她用她的身体，
做出了伟大的贡献，
同时，
她也获得了赞美。

（3）赏秋写诗

秋

海韵学校六（6）班　谢乃宇

秋是遍地金黄，满园飘香。

秋是一阵凉爽的清风，

是香甜多汁的果实。

秋是生机勃勃。

秋是一位母亲，

孕育了每一粒种子。

那黄叶、绿树、红花，

无不向你展示着秋的美丽！

秋，充满雅致的诗意，

秋是一首诗，

秋是一幅画，

秋是一个美丽的梦。

一片落叶，

也可以是秋天。

那细密的叶纹，

便是秋的脉搏。

你如果仔细聆听，

便可听到秋的声音。

每个秋天中的每片落叶，

会以不同的姿态飘舞，

带着生命的光辉！

秋

海韵学校六（4）班　陶世璞

夏悄悄地走了，
秋蹦跳着来了。
调皮的它，
用黄色的蜡笔，
画出了多彩的世界，
调皮的它，
给树叶施了魔法，
变成了五颜六色的画卷。

秋，有时是一个可爱的孩子。
可爱的它，
给水果画上了笑脸；
可爱的它，
让农田变成丰收的海洋；
可爱的它，
把太阳的燥热给拂去了；
可爱的它，
将一串甜甜的祝福，撒遍人间。

哦，秋来了，
鲈鱼肥，菊花开，燕南归，
莲藕甜，枫叶红，桂花香，
我们一起把歌唱，把歌唱……

秋

海韵学校六（4）班　闫淼

在梦中，秋是金黄的稻田，
呼唤我回家。

是摇曳的枫叶，

诉说着风的甘甜。

是飞舞在夜空中的流萤，

放着绿色的光。

是一张发黄的老照片，

回忆着过去。

醒来后，秋是昏暗的路灯，

无目的地照着。

是彗星的光，

擦过那冰冷的冥王星。

是一只书虫，

吞食着过去。

是十一月的雨，

打在我的肩上。

秋

海韵学校六（4）班　袁婉婷

秋姑娘来了，

她送走了夏姑娘。

带来了火红的秋叶，

带来了累累的果实，

带来了丰收的节日，

带来了凉爽的天气，

让世界热闹起来了。

看!

火红的秋叶落向大地，

好一幅天然美景。

听!

第四篇　诗意课堂——在雨露的滋润下绽放美丽

凉爽的风声呼啸而来，
好一台天然空调。
闻！
累累的果实香飘十里，
好一抹天然纯香。

秋

海韵学校六（6）班　戴缤杰

秋阳是我的热情，
秋风是我的低吟。
秋月是我的思念，
秋雨是我的忧愁。

火红的枫叶，
裹着丝丝忧伤。
累累的果实，
怀着一抹愉快。

片片叶儿是我的诗书，
缓缓溪流是我的叮嘱，
薄薄云雾是我的棉被。

秋深了，
冷风吹进我的衣裳，
坚强地摇摇头，
我不畏寒冷。

我爱你，秋

海韵学校六（6）班　陈语涵

秋姑娘，你悄悄地来了。

你不像冬天寒风阵阵，

你不像春天细雨绵绵，

你不像夏天烈日炎炎。

爱你的天高气爽，

云淡风轻的田野里，

金黄的稻子是你留下的一行行足迹。

成熟的果实是你抚摸的痕迹，

金黄的叶子是你留下的香气。

远行的大雁是你书写的诗行。

瞧！

秋姑娘为大地穿上了黄衣裳。

听！

秋姑娘为人们谱奏了一首风之铃。

我爱你，这美丽的金秋。

秋，送来了一首诗

海韵学校六（6）班　温雅

不知不觉，

秋来了。

它乘着清爽的风，

缓缓地从水面走来。

金水上，

荡漾着一圈又一圈的波纹。

枫叶上，

写着一首又一首的诗行。

一首秋留下的诗，

像藤蔓一样，

轻轻地温柔地，

缠绕在我的心中。

秋天

海韵学校六（6）班　姜子皓

秋天，

象征着丰收与凋零。

在这个奇妙的季节里，

有一丝丝清风的凉意，

还有农民伯伯的汗水，以及笑脸。

黄叶已经悄然落下。

有一丝丝清风的凉意，

大雁已经向南飞去，

而森林里的动物们呢？

它们也没有闲着，一个个都收集着粮食，

准备度过这个严寒的冬天。

这是丰收的季节。

有一丝丝清风的凉意，

金黄的稻穗，彤红的苹果。

显得暗淡无光的镰刀在手中挥舞，

落下一大片金灿灿的粮食。

幽静的山庄中，

有一丝丝清风的凉意，

秋向人们问好，人们也在向秋问好。

有一丝丝清风的凉意。

象征着丰收和凋零的秋天，

在向你们问好。

最美的季节

海韵学校六（6）班　潭卓一

春夏秋冬，谁是最美的季节？

有人认为春天最美，

万物复苏，充满生机。

南燕北飞，鸟语花香。

有人认为夏天最美，

阳光在这时灿烂，

树木在这时成荫。

有人认为冬天最美，

雪花飘舞，银装素裹。

希望在沉寂的大地下孕育。

而我认为，秋天最美。

当枫叶染红秋天时，

成串的葡萄和遍地的瓜果，

就是对付出的回报。

秋天，

是成熟的季节，

是收获的季节。

秋

海韵学校六（6）班　林杰沛

落叶纷纷，

果实硕硕，
清凉之风，
凉爽佳期。

枫叶落了，
落得很果断，
带走了愁，
也带走了思。

果实香了，
颜色很鲜艳，
带来了快乐，
也带来了怀抱。

起风了，
来得很快，
一瞬间飞了过去，
一瞬间的清凉，
一瞬间的微笑。

秋走了，
隐隐地走了，
不知道去哪儿了？
带走了快乐，
带走了微笑，
留下了不舍。

秋之韵

海韵学校六（6）班　丁思齐

秋之韵，
是天空中缓缓落下的红色，

在公园里静静地散步。

秋之韵，
是大树上渐渐空虚的树枝，
在寒风中慢慢地孤独。

秋之韵，
是农夫们金黄的稻田，
是那已经成熟的稻子，
被细心地收割，
农夫脸上充满欢乐。

秋之韵，
是孩子们玩耍的乐园，
是那天真无邪的笑声，
被永远的记录，
孩子脸上充满欢乐。

秋之韵，
是令人悲伤的，
亲眼看到一个个生物凋零，
却无能为力。

秋之韵就是这样，
让人回味无穷。

秋天

海韵学校六（6）班　林雅婷

炎炎夏日已经过去，
凉爽秋天已经到来，
树上一片片青叶，

也已然变成枯黄的落叶。

看呀，
那田园里结出了，
一个又一个，
香甜可口的果实，
那是秋带来的礼物。

一阵清凉的风吹过，
那是秋天的标志，
山坡上放风筝的孩子，
是多么欢喜！

秋，
已然来临！

秋意

海韵学校六（6）班　张璐

风儿掠过昏黄天空，
不觉已一年过半，
过眼的葱郁风光，
悉数泛了黄。

翻出了压箱的旧衣，
在凛冽的寒风中，
秋意盎然，
秋意盎然！

秋意盎然，
云动寂静鸣蝉的逝去，

叶落寒风萧瑟的到来，
秋意盎然。

秋意盎然，
今朝已是重阳日，
忆起昔日菊花香，
秋意盎然。

秋

海韵学校六（6）班　杨心程

秋是个姑娘，
她随着金风，
撒下关于秋的一切。

枯黄的叶子，
轻轻地落了下来，
秋姑娘慢慢地捡起叶子，
嘻，正好可以做书签。

我想听音乐，
就让成熟的果子落下，
嗒、嗒、嗒、嗒。
咚、咚、咚、咚、
形成了美妙的乐曲。

秋的活泼美丽，
让苹果害羞得涨红了脸，
让葡萄把他那双紫色的眼睛睁得大大的，
她让农作物成熟、让林子里的果子掉下，
让农民伯伯笑得咧开了嘴。

秋的足迹，
走过了每一个森林、每一片田野，
每一个果园、每一个花坛，
泛着秋的气息，
带到更多的地方。

秋

海韵学校六（4）班　谭姿烨

一

光阴似箭，日月如梭，
树叶泛黄，微风习习，
眨眼之间，已是秋天。

二

春去秋来，桂花飘香，
清晨时分，
走在桂树下的小路上，
清新的空气中夹藏着桂花清香，
不时还可看见少许桂花飘落，
实乃人生一大乐事也！

三

秋天很美，
美在微风习习，
美在桂花飘落，
美在瓜果飘香，
美在枫叶似火。

秋

海韵学校六（4）班　姚颖怡

秋来临了。
秋是水果的芳香，
秋是丰收的季节，
秋是桂花的天堂。

学校里散发出，
桂花淡淡的芳香，
每个教师每个学生，
每个角落每间教室，
都闻到了它的芳香。

有人说，
那是秋的芳香。

秋

海韵学校六（4）班　邹建斌

秋来了，
秋去了。
冬来了，
冬去了。
春来了，
春去了。
夏来了，
夏去了。
秋又来了，
秋马上就要去了。
一年四季都在反反复复。

秋，

秋天的风多么爽快，

秋天的雨多么凉快，

秋天的花多么芳香，

秋天的叶多么美丽。

秋，

瓜果飘香，

一个果子又大又甜，

秋天的校园，

桂花的芬芳沁入心田。

我们在花间玩耍，

在花香中学习，

桂花雨的味道，

是一种淡淡的清甜……

（4）自由歌唱

风

海韵学校六（6）班　丁思齐

风，他是一位智慧的教师，

有时教会小孩子们放风筝，

有时教会云儿变样子，

洁白的云儿变来变去，

乐得他合不拢嘴。

风，他是一位精力十足的青年，

有时慢慢地在路上散步，

有时紧张地准备去面试，

他把脚都跑累了。

风，他是一位天气预报员，

下雨前狂风大作，

下雨后温顺无比，

人们常说他知道天气，

弄得他常常自夸。

想一个名字

海韵学校六（6）班　丁思齐

把一个名字，

想成一朵花儿，

在这个荒无人烟的草地上，

我便有了温暖。

把一个名字，

想成一口井，

在这个干燥的沙漠里，

我便有了生命。

把一个名字，

想成一个月亮，

在这个漆黑的夜晚，

我便有了光明。

把一个名字，

想成一双耳朵，

送给那些听不见的聋人，

我便有了爱。

烟花像什么

海韵学校六（6）班　丁思齐

烟花像什么？
我在寻思，
它像那金黄的沙子，
在漫天飞扬。

烟花像什么？
我在寻思，
它像那百合花，
正在开放。

烟花像什么？
我在寻思，
它像那明亮的月亮，
帮我们照亮夜晚。

烟花像什么？
我在寻思，
它像那一个个故事，
温暖人的心灵。

田野

海韵学校六（6）班　丁思齐

春天的田野可美了。
花儿正在开放，
鸟儿正在歌唱，
到处一片生机。

夏天的田野可凉爽了，

大树的绿叶蔽着阳光，
到处都是绿色。

秋天的田野是金黄的，
落叶铺在了小路上，
到处一片浪漫的情景。

冬天的田野冷极了，
一片片雪花飘落下来，
到处白茫茫的大地。

童年

海韵学校六（4）班　刘培涵

童年，
是在小路上欢快地玩耍，
你追我赶，
捕蝴蝶、捉蝈蝈，
时而早出晚归。

童年，
是在海滩上尽情地嬉戏，
蹦蹦跳跳，
打水战、建沙堡，
常常筋疲力尽。

童年，
是在小河上快乐地划船，
东望望西瞧瞧，
喂小鱼、捞蝌蚪，
总是意犹未尽。

童年，
是在田野里愉快地奔跑，
左躲躲右藏藏，
收玉米、浇果蔬，
假装辛勤劳作。

童年，
是一个个跳动的音符，
是一首首优美的诗歌，
是一幅幅美好的画册，
是一篇篇活泼的故事，
也是人们不可缺少，
又十分珍贵的回忆。

我想

海韵学校五（4）班　周炜

我想把耳朵放在大海上，
听它的惊涛骇浪，
听它的风平浪静，
游啊游，任它巨浪滔天地流淌。

我想把鼻子安在梅花上，
尽情地吸取它无尽的芳香，
吸收它的甜美营养，
飘呀飘，飘进甜美的梦乡。

我想把眼睛装在天空中，
一览我们祖国的大好河山，
江山如此多娇，引无数英雄竞折腰，
望啊望，祖国是我的骄傲！

我想把心放在学习上，
让梦想的童年展翅飞翔，
让明天的曙光更加光亮，
飞啊飞，飞向圆梦的地方……

地球是大家的

海韵学校三（6）班　李卓妍

白云蓝天是地球的，
飞鸟走兽是地球的，
花花草草是地球的，
美丽的晚霞是地球的，
清新的空气是地球的，
干净的水源是地球的，
因为地球是大家的。

这些都暂时是地球的，
人人需要爱护好地球。
大家都离不开地球，
因为地球是大家的。

一起动手吧！
用爱编一个巨大的垃圾袋，
清理地面，清理海洋。
一起动手吧！
用爱造一个巨大的魔法棒，
制造绿色，呵护生命，
因为地球是大家的。

海韵之歌

海韵学校六（6）班　吴昊宇

海韵海韵，
是我们亲爱的母校。
校园里，
鸟语花香风景如画。

上课铃打响了，
那响亮的读书声在耳旁叮当着，
听，是多么动听。
听，是多么迷人。

那"一训三风"，
时时刻刻教导着我们，
做一个品德高尚的人。
我们的校训是：
海纳百川，德馨雅韵。
我们的办学理念是：
多元包容，厚德博艺，
我们的校风是：
教学相长，内外兼修。
我们的教风是：
立德，立言，惟勤，惟新。
我们的学风是：
尚学，尚礼，至善，至美。

生命可贵，
请珍惜每一分每一秒。
海韵像一个花园，
我就是里面的一只鸟，

在花园里快乐地飞翔，

茁壮成长。

海韵就像一本书，

我就是里面的一支笔，

在这本书里默默地书写，

增添光彩。

我们来自五湖四海，

汇聚在这美丽的校园里。

我们来自四面八方，

欢聚在这美妙的课堂里，

然后一起，

谱成一曲激情昂扬的交响乐。

于是，根据孩子们写的诗，我们参加了诗歌朗诵会，有了下面的诗稿，我们就开始了诗的表演与吟唱。

《我们的诗》朗诵稿

第一篇章：

1. 我喜欢《诗经》中的"关关雎鸠，在河之洲。窈窕淑女，君子好逑"。

2. 我喜欢《楚辞》中的"朝饮木兰之坠露兮，夕餐秋菊之落英"。

3. 我喜欢李白的"天生我材必有用，千金散尽还复来"。

4. 我喜欢苏轼的"但愿人长久，千里共婵娟"。

5. 我喜欢冰心《繁星·春水》中那份暖暖的母爱。

6. 我喜欢余光中《乡愁》中那份浓浓的情谊。

7. 我喜欢布莱克的"一颗沙里，一个世界，一朵野花，一座天堂"的美丽哲思。

8. 我喜欢的是我们自己创作的诗。它们虽然远远不及古今中外的诗人大作，但我们的诗中有我们的梦与真，有我们的笑与泪。在学诗的路上，我们总与阳光相伴。接下来请欣赏来自中国深圳宝安海韵学校五（6）班小诗人的创作。

第二篇章：

我 想
张 璐

我想把我自己，
种在春天的土壤里，
浮在夏天的海水里，
飘在秋天的落叶里，
藏在冬天的雪花里，
成为四季的精灵。

绿
陈语涵

当我走路上学的时候，
点点绿色映入了我的眼帘，
我猛然抬头一看，
哟，头上清秀挺拔的大树，
吐出了米粒般大小的嫩芽，
那点点嫩芽，
宛如点点繁星，
在我眼前闪烁。

我要做一条鱼
谢乃宇

我要做一条鱼，
永永远远，
在美好中呼吸。
我要做一条鱼，
自由自在，
在快乐中生活。

我要做一条鱼，
在浩瀚的大海中游荡，
吐出带着梦想的泡泡。

我要做一条鱼，
在第七秒痛苦，
在第八秒忘记，
我要做一条鱼。

童 年

刘子钒

童年，
是一把油纸伞。

童年，
是一幅水彩画。

童年，
是一根冰棍。

童年，
是一瓶汽水。

童年，
是一朵含苞待放的花。

第三篇章：

属于我们的诗

曾锦花

属于我们的诗，

它是什么样子的呢？

它有天空的蓝，
皎皎银河，
皓皓明月，
灿灿云霞，
寥寥星辰。

属于我们的诗，
有着瑰丽想象的翅膀，
它有中国的风，
从诗经的源头乘舟出发，
穿越楚辞中的山山水水，
来到唐诗宋词的国度，
在中华文化的海洋里寻觅智慧与灵气。

属于我们的诗，
有着上下五千年的浪漫。

它有大地的香，
春季里西部高原繁花盛开的浓郁，
夏天里南国海岸沙滩贝壳的咸涩，
秋季里东方森林落叶凋零的馨香，
冬天里北国原野雪花飘舞的清芬。

属于我们的诗，
有九百六十万平方公里的宽广，

它有童年的思，
清清眼睛里蕴含的前路迢迢，
红红脸蛋边荡起的微微涟漪，

纤纤小手中绘出的细细线条，
柔柔腰肢间舞出的杨柳飘飘。

属于我们的诗，
有着纯真岁月最美的光芒，

属于我们的诗，
真好！

属于我们的诗，
真妙！

5 »

文字永恒

——在星辰的凝望中留下种子

向每一个孩子致敬

每一个孩子，都是上天送给人类最美好的礼物。

他们用不同的姿势走路，用不同的语气说话，用不同的想象去美化生活。

他们会将一块小橡皮当成玩具，也会为几张小纸片而争得面红耳赤，还会为一只小动物黯然神伤。

他们的心思如同清水般干净，好像珍珠般晶莹。

他们是美丽的蝴蝶，飞入人间的万花丛中；他们是真诚的使者，告诉人们最朴素的真理。

向每一个孩子致敬！是你们如鲜花般地绽放，美丽丰盈了我的生命，让我的生命更加美好；是你们的生机勃勃，散发着春天的力量，让我的生命之树常青。

向孩子汲取力量吧！向孩子学习真理吧！让我们的生命时时因为孩子，保持蓬勃向上的姿势。因为他们，都是一颗颗珍贵的种子。

都是种子

他们，

都是种子，

终究要在不同的地点，

长成不同的生命颜色。

有的会掉进肥沃的土地里，

成为绿色的参天大树。

有的会撒在柔软的落叶上，

成为红色的鲜艳花朵。

有的被吹在陡峭的悬崖边，

成为黄色的醒目标志。
有的被衔进小鸟的嘴里，
成了褐色小鸟的午餐。

有的被风带了去，
在原野上变成金色的风景。
有的被水冲了去，
却在水底长出油油的水草。
有的被人拾了去，
在花盆里数着狭小天地。

他们，
都是种子，
终将成为不同的生命颜色。
而我们，
也都是种子，
点燃希望的种子之火，
激起梦幻的种子之色，
唱响生命的种子之歌。

让我们向每一个孩子致敬！帮他们留下播撒爱的种子，诞生梦想的种子，留下生命的希望！让我们向每一个孩子致敬！保护好他们纯真的种子，传递善良的种子，追求大美的人生！

享受孩子，用爱与智慧陪伴成长

写给孩子们的话

在每一个热爱孩子的人的心目中，

没有哪一样东西，能比得上孩子的纯真，

没有哪一样快乐，能比得上孩子的微笑。

孩子，是一条轻轻浅浅的小河，泛着金光，闪着碧波。

孩子，是生命中最珍贵的礼物，带给我们无穷的快乐。

孩子，是世界上最美丽、最可爱、最珍贵的小精灵！

如果人类要将最美好的东西赋予儿童，

那就是健康、爱与智慧，

它们是陪伴中最真挚的承诺。

如果要颁给教师一项最崇高的荣誉，

那就是从他身边经过的每一个孩子，

从此开始，学会了美好而快乐地生活！

一、开启语

时间如奔流的小河，转眼之间，与孩子们共处的第二学期又在快乐中消失得无影无踪。孩子们的笑声还荡漾在耳畔，孩子们努力的情景还仿佛就在眼前。与孩子们共同翻阅人生里的初始的一页，快乐而美好。

二、现述于笔端，以作见证

本学期班级学生共49人，男生26名，女生23名，同比去年九月新增了4个天真可爱的身影。他们分别是：虎头虎脑的林子源，活泼有礼的梁嘉芯，热爱集体的范晓敏，还有大眼睛笑起来像糖一样甜的周莹珊，他们共同加入了一（6）班这个温馨的大家庭。我们班级本学期的目标仍然是成为有美德、有智慧的人。

（一）三月迎春

阳春三月，迎春花开放，正是最美时节。在学期之初，我就制订了各项工作计划。平平常常的事情我已记不太清，但最深刻的有一件事情。

学校邀请家长来校参加第二课堂活动，每周三由家长做义工为孩子们上课。每一次周三下午的课，对于孩子们来说，就像是一场欢乐的盛会，他们非常期待，甚是喜欢。在第二课堂里，家长们个个也都大显身手。

充满激情、富有活力——那是刘子钒的父母在为孩子们上"环保课"。精彩的PPT，有趣的活动等等，都让课堂氛围高涨。

宛如聊天般娓娓道来——那是李卓妍的母亲在为孩子们上"卫生课"。课后抢答赛上，同学们发言积极，你争我抢，非常激动。

发人深思，给孩子们敲响安全警钟——那是张璐的父亲在给孩子们上"电梯知识安全课"，如何乘梯，如何报警。对于每一个人来说，有关生命安全的课程都是那么重要。

香喷喷的蛋糕与甜饼、热腾腾的饺子、美味可口的水果沙拉，那是家长们给孩子们准备的好吃的；可爱的蚕宝宝、有趣的飞机模型及各类拼图，还有小磁铁，那是孩子们心中的最爱。在此，感谢每一位充满爱心与智慧的家长，为孩子们付出的点点滴滴。

从三月开始的家长第二课堂，一直延续到六月，欢乐也随之延续到六月。这样的课堂，既增进了亲子关系，加强了教师与家长的沟通与了解，培养了孩子多方面的能力，又增长了孩子们的见识，使其异趣纷呈，快乐不断。最难能可贵的是，孩子将每次得到的美食拿回家给长辈或弟妹，其孝心与爱心多么难能可贵，"孝顺"是中国文化的一大核心词，"爱心"一词则通用于全世界。教育的最终目的是让人类更好地生活，而教育的落脚点更是来源于生活，这样的教育更真实、更美好。

（二）四月踏青

芳菲四月，木棉花开得正艳，正是踏青的最好时节。在本月里，班上成立了6个小分队，它们是——太阳队、星星队、月亮队、向日葵队、彩虹队、春笋队。

第五篇　文字永恒——在星辰的凝望中留下种子

成立小分队最初是为了方便小组外出活动。班集体如同一片湖泊，而孩子则如同一条条机灵活泼的小鱼，因为有了小鱼们的游弋，班级才富有生机与活力。当今社会，也是一个需要团结合作、互相成功的社会。而在课堂里的活动，远远没有来自于课外的更加真实、有效。在小组活动中，第1小队的同学到海上世界参观了船艇，第4小队的同学参观了科技生态园，第5小队的同学到深圳红树湾畔进行了野炊。四月里的踏青活动，不仅加强了家长们之间的沟通，而且加深了孩子们之间的友谊，同时丰富了孩子的课余生活，孩子们增长了见识，愉悦了身心，促进了亲子关系的发展。

成立小分队后，班上随即针对学生在出操、课间、课堂、学习、纪律、卫生等多方面进行了"每周综合表现测评""每月综合表现测评"，当孩子表现优秀时会得到相应的分数，反之，如果他们犯了错误也会被扣分。期末结束时，我们还按照6个小队的总分进行了本学期总测试，客观而公正地反映了孩子们这一学期取得的进步以及存在的问题与不足。通过分数的量化评比，学生能依据分数对自己进行全方位的认识，明白是非观念，懂得用自己的良好行为去换取分数；教师通过量化评比，避免对学生说教，采用通过增减分数的方式来奖励与惩罚学生，鼓励学生积极进步。量化评比给教师与学生指明了正确的道路。期末结束时，教师再对综合表现好的小队进行物质与精神的双重奖赏，并对其他进步很大的小队进行了鼓励与奖赏，整个班级的氛围与上学期相比有了非常大的转变，逐渐形成了良好的班风与学风。

（三）五月寻美

温暖五月，栀子花香，正是寻美的好季节。本月里，我有幸与学校同事一起参加了"宝安区首届骨干班主任培训班"，来到了大气而美丽的上海华东师范大学，进行了为时一周的研修学习。带上满满的热忱，我就此踏上了寻美的征程。

五月的华师，分外迷人。高大的法国梧桐树叶密密匝匝，经过春雨的洗礼，在夏季里格外富有生机与活力。清浅的小河里，是刚刚绽放不久的睡莲。干净的校园街道路灯下，挂满了古今中外的名人名言，启人深思。古老的青砖、红砖，高大的伟人像，向人们述说着华师的历史。身处在这样的校园里，我身心慢慢舒展，灵魂自由升腾，内心涌动着对学术的尊重以及对知识的渴望。是的，一个良好的校园文化氛围，会激励学生；同理，一个良好的班级文化氛围，也会深深影响着学生。若他置身于美境之中，也必定会受到美的熏陶。此为五月寻找到的第一美——以优美的环境之美育学生心灵之美。

本次研修是以李伟胜老师提出的"民主型班级活动的创建"为主题开展的，在开展的一系列活动中，我们明白了班级活动对于班级管理的重要性。然而对我们影响最深的乃是李伟胜与刘竑波两位老师的人格魅力。教育是一项技术活，也是一项艺术活。两位老师身上散发出了对中国教育极大的热情。李伟胜老师说："中国教育，让中国人创造尊严、享受尊严。"刘竑波老师在讲述中国汉字故事时，他对中国汉字的热爱与惋惜之情令在座的老师深受感动。一个民族，若是连自己的国家都不热爱，连自己的民族文化都不了解，何谈尊严与骨气？因此，作为一个班主任，必须站在当今的时代里，用国际化通用的标准来引导孩子，让孩子成为一个懂得热爱国家，热爱民族与历史，同时也能适应当今时代的国际人、现代人。此为五月寻找的第二美——用人格之美创造学生的大气之美。

（四）六月畅游

六月初始，荷花盛开，正是畅游的好时节。六月里，学校与班级举行了大量的活动，让孩子们在快乐的活动中，进行了身心的畅游。在活动中，我再一次见证了孩子们的成长。

"六一"儿童节，是孩子们的欢庆时节。一个快乐而有趣的儿童节，也许会温暖一个孩子一生的记忆。一个幸福与美好的童年，会给孩子的一生做好重要的铺垫。应学校要求，班级里开展了"亲子美食分享会""文艺会演""亲子游园"等活动。同时，班级也开展了"课本剧表演比赛""背诵《弟子规》擂台赛""寻找身边的小小仁者"等一系列的活动。最后一周，我班学生代表学校，参加了宝安"中华十德"班会录像课比赛的录制。

通过以上活动，班级的凝聚力大大增强了，学生各方面的能力也得到了有效锻炼，每一个孩子都能参与到活动之中，成为班级真正的主人。整个班级呈现出良好的精神风貌。

时光在荏苒之中，渐渐改变着人们的一切。然而，它对于一年级孩子的改变来说，更加迅速。对于陪伴孩子成长的教师来说，也是无比珍贵的回忆，它将永远留存在记忆里永不再来。而我们播种的爱与智慧的种子，也将茁壮成长，成为一棵棵参天大树，变成世界上一处美丽的风景。

三、结束语

你看他，前两天还懵懵懂懂，

今天他懂得了孝顺与善良，变得非常懂事；

你看他，前两天还泪流满面，

今天他的脸上挂着笑容，灿烂而坚强；

你看他，前两天还扭扭捏捏，

今天他已经学会了勇敢，大大方方地站在舞台上表演；

你看他，前两天……

对一个真正热爱孩子的人来说，

没有什么幸福能比和孩子在一起更幸福；

没有什么快乐能比和孩子在一起更快乐。

是孩子，

让每一个经过他身边的教师，

一遍又一遍地温习童年淡忘的岁月。

我们有什么理由可以拒绝，

用爱与智慧陪伴他们度过童年。

我眼中的"小豆豆"们

小豆豆系列1：我的"昆虫侠"——陈钰琼、余徐阅

我爱孩子，这是我登上讲台后，对自己的一项重大发现。工作十八年后，我不仅发现自己更加深深地喜爱上了孩子，我还发现我特别喜爱"昆虫侠"。

我的"昆虫侠"当然也是孩子。请不要误会，他们不是我那个见了蚯蚓图片都要退避三舍，见到蜗牛都要退后两步的大女儿，也不是我那个刚刚出生不久、每天嗷嗷待哺的小儿子，他们是我教学生涯中印象最深刻的两个孩子。他们是谁？我现在不告诉你们！但你们可以去猜，静静地倾听我与"昆虫侠"的故事，我相信你们很快便能猜到他们是谁。

我的两位"昆虫侠"都长着一双大大的充满智慧的眼睛，笑起来的时候，他们的眼睛就如天边的月牙那么明亮，如山上的杜鹃那么灿烂，还会露出一排整齐洁白的牙齿，尽管我不能保证那洁白之中是否藏着"龋齿"。我的两位"昆虫侠"还有一个共同的爱好，那就是喜欢阅读，课堂上他们基本上是很少关注课本的，因为他们的时间有一部分是要去思考昆虫的，还有一部分是要去阅读各类自己喜欢的书籍的。他们偶尔也会发现那个在讲台上面讲得眉飞色舞、津津有味、忘乎所以的老师，报以几分钟的小小关注。我的"昆虫侠"最大的爱好就是昆虫了，这也是他们获此"美名"的原因。无私奉献的"春蚕"，活泼可爱的"蚱蜢"，五彩斑斓的"蝴蝶"，就连有毒的"蜈蚣"，都是他们的爱物。

下面讲讲我的第一位"昆虫侠"的故事。这位"昆虫侠"不仅喜爱昆虫，也喜爱其他小动物。有一次，我和同学们正在上思想品德课，教室里非常安静。我们一边看着课本，一边交流互动，教室里的气氛非常祥和。我发现平时纪律很差的某位同学在座位上极其认真地盯着课本，我心想这位同学是多么守纪律爱学习啊！但当我第二次无意地走近他时，我竟然发现他的思想品德课本里夹着五六条小拇指般大小的"蚕"。因为没有"桑粮"，这五六条大蚕在

書中不停地東張西望尋找"糧食"!

好家伙！這幾條趾高氣揚的"蠶將軍"着實把正在專心致志講課的我嚇了一大跳！但我的"昆蟲俠"，他正一臉陶醉地用手撫摸着他的"蠶寶寶"呢！下課了，鄰座愛乾淨的膽小女孩早已逃之夭夭了，而我的"昆蟲俠"還看着他的"蠶寶寶"如痴如醉呢！

這位"昆蟲俠"還給我送過一個特別的禮物。有一年教師節，同學們又開始給老師製作賀卡和鮮花，準備獻給老師。而我的"昆蟲俠"送給我的禮物是用袋子裝的幾條金魚！然而這幾條金魚我沒有收到，因為那天我正巧外出開會，魚早被德育處的老師沒收了！開會回來，德育處的老師對我說："你們班的某位同學帶魚來上學，弄得樓道裏全是水，一大堆同學圍觀，你知道嗎？"我一臉懵，心裏卻樂開了花。這就是我的第一位"昆蟲俠"。時隔多年，離開我已經長大讀高中的他，偶爾會給我打來電話，第一句話便問："老師，您還記得我嗎？"怎麼會不記得呢？電話這頭的我心裏樂了起來。怎麼會不記得啊，他就是"小豆豆"陳鈺瓊啊！

我的第二位"昆蟲俠"是我現在的學生。不用說，大家都可以猜到，他就是我們班的"小徐"同學。小徐同學愛昆蟲愛到了全班皆知的程度。上課時，他的桌子上總是擺上各種各樣的東西，有牛奶啦，有酸奶啦，也有大件的衣服啦，然而擺得最多的還是用各種東西盛着的昆蟲！這些昆蟲究竟有哪些呢，恐怕要請他自己介紹，我才能寫清楚。下課了，他有一部分的時間是要去照顧他的"昆蟲"們。就連他看的書也是與昆蟲有關的，我接連兩天都看到他手捧着同一本有關昆蟲知識的書！放學後，他也是一心一意地記掛着他的昆蟲，或是約上好朋友去找昆蟲。這不，開學第一天，我見他小心翼翼地端着他的小塑料碗，我湊近一問："裏面是什麼昆蟲？"他神氣地說："是蜈蚣！"我嚇了一跳，但好奇心驅使着我問道："有毒嗎？"他自豪地說："有毒！"我飛也似地逃開了，留下一串笑聲與滿心的驚嘆。

回憶起我的第二位"昆蟲俠"上學期發生的故事，我覺得他可以稱之為"昆蟲迷"，而且大有"達爾文"的風範。就拿上學期的兩件小事來講吧。有一次，他的某位好朋友作業未完成，我便留下他的好朋友在五年級辦公室寫作業。我發現小徐同學在辦公室門口張望，我大喝一聲："你幹嗎老在這裏走來走去？要不你也進來補補作業？"他支支吾吾地說："我在等我的好朋友補完作業後，一起去抓昆蟲！"好家伙，我又氣又惱，又不由自主地笑起來，原來在他的心目中，"昆虫"要远远大于重要的学业啊！

更有一次，我听说某位老师要求他和他的好朋友一起完成作业，因为他们这对"难兄难弟"总会拖欠作业，这是常有之事。没想到等了好半天也没有见到他们的踪影。老师只好派人去寻觅他俩，结果同学回来报告说："老师，小徐和某同学在楼下的植物园里抓昆虫呢！"真是"物以类聚，人以群分"啊！

好了，这就是我的"昆虫侠"们的故事。我爱"昆虫侠"们也不仅仅是因为他们是我的学生，还因为他们能有自己的爱好，有自己的痴迷，保留了孩子该有的童真，这是他们身上最可贵的地方。我愿所有的孩子们，在多大的时候就保持着多大时候的样子，不要小得像刚刚出生的宝宝，也不要大得宛若六七十岁的老头儿和老太太。愿你们如晨露那么纯洁清新，如小树那么茁壮成长，如朝阳那么温暖美丽。

小豆豆系列2：可爱的"小书虫"——宗凯丽

如果说我眼中的第一颗"小豆豆"是陈钰琼，第二颗"小豆豆"是余徐阅，那么我想写的第三颗"小豆豆"就是宗凯丽。因为比起像一颗"大黄豆"一样的"陈哥哥""余哥哥"来说，凯丽更像是一颗名副其实的"小豆豆"。

可爱呀！她可能是我们班最小也是最矮的女生吧。她剪着短短的头发，如果穿上男孩子的衣服，远远看去可能更像一个男生，但当你走近的时候，才会发现她是一个"小可爱"。小小的脸蛋上，好像还挂着小酒窝。不过那小酒窝不是用来装酒的，而是用来装微笑的。不信你瞧瞧她，笑得多么灿烂，当她和好朋友刘娜娜站在一起的时候，我就想起了天堂里的小天使，大概也就是这个样子吧。不错，她们应该是她们妈妈心中最可爱的小天使吧！

凯丽也喜欢看书，她对书的痴迷劲儿一点儿也不亚于陈钰琼。听她妈妈说，她常常在图书馆里看书看到痴迷，看到不愿意回家。她究竟在看些什么呢？大家猜猜吧！我猜可能是童话，也有可能是漫画，也许还有……有书看，真是件幸福的事儿！如果说我们班有很多条"小书虫"，那么这些"小书虫"里面肯定有凯丽的份儿！有人曾说过，爱看书的孩子是会有出息的。我觉得这句话是有道理的。书里面有很多有意思的事情，还有很多智慧！愿大家都做爱看书的"小书虫"吧，有时间，捧起书本来多啃一啃，相信你会有美妙的收获！

凯丽的音色不错，我不知道凯丽自己是否知道。什么叫音色呢？简单地说就是很适合唱歌，天生嗓子好，不然她怎么会被校合唱队的老师挑中。我真希望她有一天会当着我们的面唱起像云雀一样好听的歌。

凯丽的学习成绩优异；她也会偷偷在我背后帮我捶捶背；她朝我乐呵呵地笑；她和同学们相处友好；她让我感到欣慰。或许我可以这样说："凯丽，你是我心中的小可爱！"

小豆豆系列3：我心中的"月牙儿"

我喜欢芷欣，也许不用言语来表达。不单单是因为我和她爸爸是同行，所以平日里多了几分亲切；也不单单是因为她学习成绩好，她各方面都很优秀。原因很多，而且可能和你们想象的不一样，请让我一一道来。

第一我喜欢她的眼睛。为什么这么说呢？她的眼睛里透着灵气，与别的孩子不一样。所谓"腹有诗书气自华"，她比一般的小孩有思想、有知识，我想这都与她平日里博览群书有关。她的眼睛一笑起来，就会变成两弯小月牙，是那么的天真无邪。俗话说，眼睛是心灵的窗户，也是泄露秘密的窗口，心灵的丑陋与美好，有时人们从眼睛里就能得知，从她那干净又透明的眼睛里，我看到了她内心的干净。这是我喜欢她的第一个原因。

第二我喜欢她的天真烂漫。什么是天真烂漫呢？有一次我在食堂吃饭，吃完后正打算回宿舍，发现二楼吊着一个小篮子，篮子里还装了一些小玩意。原来是芷欣和悦妍用一根绳子拴住了篮子。或许是她在和谁传礼物，或许是她在"钓鱼"。总之，她玩乐的方式与一般的小孩不一样，竟然会想着用这样的方式来玩。这样简单的游戏，她却玩得心满意足。这难道不能说是天真烂漫吗？她的这一举动常常让我想到少年时的自己，有时会因为捡来几个笋壳而兴奋不已，有时会因为背着爸爸妈妈偷偷种下几棵小苗而暗暗窃喜。春天来了，我还大张旗鼓地做个风筝到山坡上去放，后面跟着我的小弟弟，屁颠屁颠的，一脸崇拜。也许芷欣和儿时的我有几分相似，这也是我喜欢她的原因。冰心曾写道："始信万籁俱缘生"。喜欢芷欣，大概也是一种缘分。有缘分的人总是会有共鸣。芷欣虽然比我小那么多，但我还是感觉到她可以成为我的好朋友。

我也喜欢她的真诚和坦率。她真诚，在课堂上从不忌讳我犯的错误，总是很真诚地提醒我，没有嘲笑，也不会装着视而不见，而是很善意地提醒我。为此，我总是很感动，感动于她的真诚。其实教师也是学生，在一起学习，有时难免会出错，如果孩子不指出来，别的同学接受了错误的知识，老师若不改正，有时影响真的挺大的。亚里士多德有句名言："吾爱吾师，吾更爱真理。"在真理面前人人平等。所以我常在内心深处感谢芷欣，她让我对自己有了更高的要求，不断去进步。她也让我更加深深体会到人民教育家于漪老师说的那句话："一辈子做教师，一辈子学做教师。"

以上就是我喜欢芷欣的原因，在此我也感谢她天真烂漫的妈妈和真诚坦率的爸爸，他们是芷欣的榜样。他们一家给我带来了许多快乐，还有无私的帮助，真心感谢！

我希望芷欣永远像原野上的花朵，自然美丽，散发着天然的芳香。

我希望芷欣一直像天空里的月牙，纯洁明亮，每一天都快乐微笑！

第五篇　文字永恒——在星辰的凝望中留下种子

"一"的小故事

个个关于"一"的小故事，深深温暖着我的心。一事一幽微，一事一情真。谢谢来到我生命中的那些有着天使般心灵的孩子们！

一次飞奔

我喜欢上了一位小男孩，他叫贤。这是一个离异家庭的小孩，父亲是外地人，母亲是本地人，听说他父母早就离婚了。这个孩子可能很少和父亲接触，前几天他的母亲总是拿起电话大声诉说着他的种种错误，这让我马上想到贤的母亲平时是如何对待他的。

贤从一开学就非常喜欢在我面前表现自己，但我发现他明显比一般孩子的心灵要脆弱。好几次他在课堂上生气，一次是因为他举手我没有叫他回答问题，一次是因为生英语老师的气，还有一次不知为什么，他趴在桌子上掉眼泪。我常常把男孩子当作男子汉一样去教育，忽视了他们不过是一群刚处于变声期的小男孩。渐渐地，与我熟悉后，男孩子们开始和我"皮"起来，同时又被我的威严所震慑。贤也是其中的一个。

下课时，贤总会找不同的借口来我办公室聊上几句，或是汇报班上的一些情况。我带了孩子们六个星期了，明显感觉到与他们之间越来越默契，我也越来越喜欢他们了。但是，大伙儿也只是彼此有好感，而没有几个孩子真正敢走近我。

一日上课，我在课堂上咳嗽了几声，鼻子也跟着"造反"了好几次。为了赶作业，我拖了十五分钟才放学，孩子们没有任何怨言。终于讲完了，我故作潇洒地说了声："放学！"贤就飞奔了出去，大家都说："老师，有人逃跑啦！"我装作没听见，往办公室里走，这时贤已经抓来几张纸巾，什么也没说，递给我。——刹那间，我被这个孩子深深感动了！

我想起前几日在会上说："教自己的孩子，是手捧珍宝在手中；教别人的孩子，是和天使相伴。"是的，吾心即宇宙，吾心即天堂。幸福是什么？幸福就是收集这点点滴滴，汇集成海。感谢孩子，让我永远与纯真相伴。

感谢父母，让我选择了这份适合我的职业。我确信，我已深深地爱上了每一个拥有天使般心灵的孩子；我确信，我已深深地热爱上了这份平凡而又崇高的事业！

一个小青果

午读下课的时候，小纯悄悄地跑到我的面前，递给我一个小小的青果。她羞涩地说："老师，这个小青果，您吃了就不会咳嗽了！"

一颗随着岁月的流逝而慢慢变坚硬的心忽而柔软起来。这个青中带白的小果子泛着白白的光，就像小纯那张可爱的小脸。小纯是潮州人家的女儿，她还有一个妹妹和一个弟弟。一年级的时候，她常常披头散发地来上学，开家长会的时候，我也很少见到她的父母露面。平日里都是叔叔在接她，慢慢地我明白了，这是个不管是在家中还是在学校都容易被忽略的孩子。尽管老师与父母对孩子的爱是一样真诚的，但有时候真的容易被疏忽，特别是在孩子多的时候。

怎样让她感受到老师的关心呢？我帮她扎好头发，有时给她一个灿烂的笑脸，有时送她一句真诚的赞美。慢慢地，这个被忽略的孩子脸上开始绽放出温暖的笑容。有时，她送我一张荷花画，说是小婶婶画的；有时，她送给我几个可爱的"小公主"，说是自己画的。她还参加了班级的舞蹈队，在舞台上展示了美丽的舞蹈，学习成绩也慢慢地提高了。

孩子的心总是会被一些小细节所打动，他们用一颗不同于成人的心来感知这个世界赠予他们的点滴美好，然后回赠世界像雨水、河流一样温馨的爱。

一杯柠檬水

"咳喇"这个顽疾还在，有时在课堂上我也会不自觉地咳出声来。小西是个调皮可爱的孩子，老师们都对他非常"头疼"，身为班主任的我，虽然知道不应该生一个六七岁小孩子的气，但也常常为他的行为而有点头疼。

一日上课，我正讲到精彩处，突然一阵剧烈咳嗽袭来，四十多个孩子终

229

于感觉课堂有了停歇，趁机放松起来：有聊天的、喝水的、折纸的，还有半带着诧异看着我的。我上气不接下气地咳着，无奈地看着这个混乱的课堂。

"都不要再闹了！老师咳得很严重，你们不要再吵了！"小西大声地在课堂里说着。

教室里忽然安静了下来。

"请帮我端一下办公桌上的水！"我虚弱地说。

坐在我办公台旁边的小敏端起一小杯水往讲台走来。

刚刚入学一年级不久的小西从座位上"腾"地站起来，拿起自己的水壶，打开水盖，将自己水壶中的水倒进了我的杯子。

水是端上来了，而我早已又陷入了讲课之中，忘记了要喝水。

下课了，我端起杯子，才发现杯子里有碎碎的柠檬，再喝一口，酸甜酸甜的滋味，真好！同时，一种甘甜从我的心底弥散开来。

一杯柠檬水，一段关于爱的小插曲，美丽了我的人生故事。

我的心总是会被这些小小的细节所打动，在爱与真诚面前，小西才是我终身的老师！谢谢你，我可爱的小西老师！

一个同学

在我的从教生涯里，遇到能让我敬佩的学生并不多。在我的记忆中，有特别善良大气的祉希，有学习特别扎实的景程，有才华横溢、气质出众的仟仟等等，而缤杰是我迄今为止教过的学生中最令我敬佩的一个。缤杰身上埋藏着一颗非常坚毅、努力、积极向上的种子，而且这颗种子正在拼命猛长，这种来自生命深处的力量让我感受到了生命的神奇与壮美。从一年级开始，他的学习成绩便一直在班级里名列前茅。然而打动我的不单单是他的成绩，而是作为一个不足十岁的孩子所表现出来的强大的生命力量。

一次，缤杰在教室里不小心磕伤了头，鲜血直流，医务室已经止不住血了，我和几位老师连忙将他送至附近的大医院缝针。他的父亲赶来后，他也没有哭泣，做完了缝合手术，就回家了。那晚近九点了，我打电话给他的父亲询问伤势，他的父亲极其平静地说："老师，不碍事了。缤杰在厨房里洗碗呢！"我内心一怔，在现在这个视孩子为"宝贝"、"黄金"的时代，说不得、骂不得、打不得、磕不得的孩子比比皆是，生怕孩子少了一根毫毛的家长也大有人在，连我也是对孩子安全慎之又慎其中的一个。很多孩子娇气十足，骄傲自得，哪能受得了痛，有几个在受伤后还会认真地劳动？而受伤的那次，缤杰才刚刚六岁。

一天，在课堂上谈起拉大提琴和小提琴的问题。因为班里有不少学管弦的孩子在拉了一段时间后，就不去了。陪着女儿练钢琴的我也深深体会到坚持学好一种乐器绝非易事。在一大堆孩子开始打退堂鼓的时候，缤杰告诉大家："他每晚拉一支曲子要拉二十五遍！"我的内心再一次被震动。这一年，缤杰七岁。

三年级了，缤杰练琴更加努力了，一支儿童曲子已经从之前的二十多遍变成四十多遍。更令大家吃惊的是，在上周的作文比赛中，他竟然花了两个多小时写出了一篇2 000多字的童话，而且用词准确，情节曲折，立意深刻！这是我从教生涯中从没有遇到过的现象。一个八岁的孩子，究竟是什么力量支撑他在两个多小时内洋洋洒洒，写出这么优质的文章？是他自控能力强，还是他平时一有空就拼命地阅读？还是那种积极向上从不言累的学习态度？那年，缤杰八岁。

后来，缤杰的作文在《深圳青少年报》上发表，在多次作文比赛中获得佳绩。最令人欣慰的是，他在深圳市"十佳校园文学少年"比赛中获得了"文学少年提名奖"，获得了深圳市教育局的公开表彰，捧回了盖有八个大章的奖状。真是了不起，这让我倍感欣慰。

一个教师最大的成就不是自己能走多远、飞多高，而是他的学生能走多远、飞多高。我衷心地希望缤杰的人生之路健康平安，辉煌灿烂！也祝愿所有的学生们能够走得更远、飞得更高，在他们各自的人生里绽放光芒，为国家做出贡献，为世界增添亮丽！

好书伴我成长

阅读，方能深深触及人的灵魂。与孩子们在一起的岁月，给他们最好的奖赏是读书，让他们明白最大的快乐是写作，让他们期待最想去的地方就是图书馆。与书在一起的岁月，是最美丽最幸福的岁月。然而选择一本好书，远比阅读本身更为重要。写作一篇好文，远比自己空想空谈来得重要。因为，思想转瞬即逝，但文字可以永恒；智慧可以瞬间产生，而记录方能让它流传深远。

好书伴我成长

海韵学校六（4）班　闫淼

书，让我从一个愚昧无知的儿童变成了一个有独立人格的真正的人。

一年级时，我不爱看书，甚至不知道"读书"是什么意思。后来我上三年级的时候，老师给那些作文写得好的人奖励，奖品暂时放在我家，我发现那竟是一堆曹文轩的书！我偷偷看了《细米》的前几章，惊叹曹文轩先生能把"油麻地"写成我儿时记忆中的那种乡村，这时我便正式开始了"嗜书如命"的生活。

我有一次抽奖，抽中了一套书，叫《写给孩子的哲学启蒙书》（直译应为《哲学下午点心》），这套书拉开了我与同龄人的距离，这时我从故事思想过渡到了人格思想，然后我从房间找出了《苏菲的世界》，看完了之后我开始思考空间是一种什么东西。

一年后，我从选文集《大语文》（同样也是曹文轩编的）里读到了《朝闻道（节选）》，我读完之后，决定再读完全篇，就在网上买了一本《刘慈欣中短篇小说选集》。后来我读了现代年轻实力派作家杨文扬的一篇短篇小说，我彻底陷入了一个悖论中：如果我十年都待在一天或一小时内，那么我会不会衰老？

到了五年级，我终于认识到思想的宏大：宇宙有限，而思想无限。我历经辗转，借到了刘慈欣的巨著《三体》三部曲，正如韩松（也是一名科幻作家）所说，刘慈欣在《三体》三部曲中完成了一个几乎不可能完成的梦想，他单枪匹马，把中国的科幻体裁著作提升到了世界水平。

我爱好书，在不断阅读中我的生命在茁壮成长。

好书伴我成长

海韵学校六（4）班　邱圣榮

每个人的一生中都读过许多的书，书分好书和坏书。正所谓"书籍是人类进步的阶梯"。我理解这句话正确的意思是："好书是人类进步的阶梯。好书是许多书中的精英，在好书中你大可放心去读。读好书，就会不断进步。"

"读万卷书，行万里路"，"书中自有黄金屋，书中自有颜如玉"。好书里有路，有黄金屋，也有颜如玉，饭可以一日不吃，觉可以一日不睡，书不可以一日不读。

我看过的最好的书是《未来简史》。这本书主要是讲：进入21世纪后，曾经长期威胁人类生存、发展的瘟疫、饥荒和战争已经被攻克，智人面临着新的议题。长生不死、幸福快乐和化身为神，在解决这些新问题的过程中，科学技术的发展将颠覆我们很多当下认为无须佐证的"常识"。

更重要的是，当以大数据、人工智能为代表的科学技术发展日益成熟时，人类将面临从猿人进化到智人以来最大的一次改变，绝大部分人将沦为"无用的群体"，只有少部分人能进化成特质发生改变的"神人"。

未来，人类将面临三大问题：生命是不断处理数据的过程；意识与智能的分离；拥有大数据和积累的外部环境将比我们自己更了解自己。如何看待这三大问题，以及如何采取应对措施将直接影响着人类未来的发展。

这就是我最爱的一本好书——《未来简史》。

阅读伴我成长

海韵学校六（4）班　吕颖怡

每逢周末不妨读上一本好书，这是我最开心的事儿。我最近看了一本好书《苏菲的世界》，这本书讲述了14岁的少女苏菲某天放学回家，发现了一封神秘的信。——你是谁？——世界从哪里来？就这样，在某个神秘导师的指引下，苏菲开始思索，她从古希腊到康德、从祁克果到弗洛伊德等各位大师所思考的根本问题入手。与此同时，苏菲不断接到一些极不寻常的来信，世界像谜团一般在她眼前展开。苏菲运用少女天生的悟性与后天知识，企图解开这些谜团，然而，事实真相远比她所想得更怪异、更离奇……

《苏菲的世界》是挪威作家乔斯坦·贾德创作的一本关于西方哲学史的长篇小说，它以小说的形式，通过一名哲学导师向一个叫苏菲的女孩传授哲学知识的经过，揭示西方哲学史发展的历程。

读了《苏菲的世界》，我明白了很多，生命本来就是悲伤而严肃的。我们来到这个美好的世界里，彼此相逢，彼此问候，并结伴同游这一段短暂的时光。然后我们就会失去对方，并且莫名其妙就消失了，就像我们突然莫名其妙地来到世上一般。

董卿曾说："我始终相信我读过的所有书都不会白读，它总会在未来日子的某一个场合帮助我表现得更出色，读书是可以给人以力量的，它更能给人快乐。"今天是世界读书日，希望散居在世界各地的人，无论是年老还是年轻，无论是贫穷还是富裕，无论是患病还是健康，都能享受到阅读的乐趣。人的平生有两件大事要做：一是生活，二是学习。

读书，是一种优雅的生活方式。在安静的氛围里，写写字，读读书，是人生最有滋味的享受，无与伦比。读书让人懂得珍惜眼前的幸福，并努力耕耘明天的幸福，让你的生命富足、踏实、开心。

阅读伴我成长

海韵学校六（4）班　刘培涵

世上生物都需要养分助长，而对于我们人类来说，最好的养分莫过于那装满知识与智慧的书籍。这份美好的养分也一直陪伴着我成长。

记得以前，我是非常讨厌阅读的，并认为那就是一本本枯燥无味的字，有什么好看的呢？真是太无聊了。但是，妈妈没有放弃，她坚持买各种各样的书籍给我，有关于历史的、科学的、童话的，还有现代小说……想吸引我阅读。这不，有一天她又给我买了一套少儿彩绘版的"四大名著"，笑眯眯地跟我说这套书有多么好看，还说今天必须看几小时的书才会带我出去玩。于是我非常生气，坐在床上死死地瞪着那套书，像是瞪着一个死敌，心想："为什么世界上要有这么讨厌的东西！"瞪着瞪着，突然感觉《三国演义》的书皮挺有趣：关羽骑在马背上那英姿飒爽的模样，好像在吸引我去看他在书里怎样英勇杀敌。我开始动心了：既然这本书的书皮这么有趣，那内容应该很精彩吧？不，书籍都是无聊的，不可能好看！我心里有两个声音在斗争，最后，我还是忍不住拿起来看了。没想到里面的内容真的这么精彩，这么吸引人！我一看起来就忘了要出去玩了。

后来几天，我便如饥似渴地阅读着，常常废寝忘食。因此，我反被妈妈批评说没有时间观念。我也常常在心里嘀咕：还不是你让我看的书，谁叫书中的内容那么好看！我马上又被书里的内容吸引去了：诸葛亮好厉害，竟然能唤来东风……一个星期的时间，我居然把"四大名著"全看完了。

我变得越来越喜欢阅读了，而且读的不仅仅是中国的书籍，还有很多关于国外历史的书籍，甚至是英文书。我的藏书之地——卧室，已变成了书屋，除了睡床，到处都堆满了书。

阅读不仅让我学到了很多课外的知识，也学到了更多优美的词汇，它使我在写作时不再那么困难，也把一个幼稚懵懂的我变成积极好学的少年。书让我在放松中学到更多，使我受益无穷！

学海无涯，我是那条小鱼儿，在知识的海洋里遨游；我是那只雏鹰，在书籍的世界里翱翔……

阅读伴我成长，好书使我受益良多，让我们在知识的世界里共同进步吧！

好书伴我同行

海韵学校六（4）班　陶世璞

书是知识的源泉，是人类进步的阶梯。读书，开阔了我们的视野，增长了我们的知识，教会了我们做人的道理，净化了我们的心灵，并使我立志做一个对社会有用的人。

小时候，在宁静的夜里，我躺在妈妈的怀抱里，听妈妈讲那些古老的民间寓言。稍稍长大一些，识字了，我渐渐开始自己阅读童话。童话是我的最爱，我想走进开满鲜花的大森林，与白雪公主一起做游戏；我想去富丽堂皇的海底王宫，去寻找化作泡沫的小美人鱼；我想去找寻丑小鸭，问问它变成白天鹅后的故事。童话为我展现出了一个五彩斑斓的奇妙世界，教给了我什么是真、善、美，什么是假、丑、恶。书，教给了我人生的第一课。

随着年龄的增长，我慢慢开始捕捉诗的影子。我喜爱上李白的浪漫，喜欢上苏轼的旷达，体味到屈原的才气飘逸，泪洒于岳飞《满江红》中的碧血丹心。诗词让我穿越时空，回到起点，去体味古人的悲欢离合、阴晴圆缺。书，让我触摸到了我们中华文化古老的底蕴。

现在，散文小说成了我的挚友。我伴着海明威的脚步去陪伴着老人钓鱼，在风浪中去搏击强敌，陪着高尔基去回忆他痛苦中又交织着甜蜜的《童年》《在人间》《我的大学》，跟着冰心奶奶去追回那故去的往事以及那盏在暗夜中闪亮的小橘灯。我看着曹雪芹笔下的黛玉葬花、贾家的兴衰，让思绪的脚步停留在那个瞬间。一个跟斗云，随着吴承恩上天庭，大闹王母娘娘的蟠桃会，尽情游玩。我仰望着梁山一百零八将的英勇豪迈，刘备、曹操、孙权的三国之战……书，让我有了自己的理想，并让我不断进步。

与好书为友，以好书为鉴，未来的日子里，我会在书香的陪伴下，继续前进。

好书伴我成长

海韵学校六（4）班　赵雅晗

小鸟喜欢天空，因为在蔚蓝的天空中能找到它们的快乐；小鱼喜欢大海，因为在宽广的大海中能找到属于它们的家；而我喜欢好书，因为在好书中能寻求到我的快乐。

对于一本好书，我们要像爱护一个孩子一样，去爱护自己的这本好书；对于一本好书，我们要品尝好书中给我们的味道；对于一本好书，我是这样爱护它的。七岁时，我买了一本《神话故事》，里面的内容非常精彩，里面有一个故事叫《还童泉》，这个故事给我的印象最为深刻，它使我从中明白的道理是：做什么事情都不要太贪心，得适可而止，否则就物极必反。《两个心愿》这个故事给我的印象也很深刻，它使我从中明白的道理是："人之初，性本善。"每个人的品德一开始都如同一块白布，纯洁无瑕。但随着外界诱惑的增多，一些意志不坚定的人动摇了，"白布"染上了点点污斑，甚至变成了"黑布"。所以，我们一定要坚持操守、洁身自好。现在这本书已经陪伴我大概六年了，而我也渐渐地把这本好书当成我的"朋友"，直到今天我才知道这本书是陪伴我成长的书，里面精彩美妙的故事，紧紧地扣住我纯真、善良的心灵。

与好书为伴，与好书为友是我的荣幸，我喜欢好书！

读书伴我成长

海韵学校六（4）班　黄明昆

书，是人类的精神食粮，书的重要性，大家都是有目共睹的，一个人想要学好语文，读书是非常重要的。

读书有一个过程，我们从绘本到故事书到文学书再到小说，看书的需求会越来越高。古书流传了上千年，它从在石头上刻书到树皮、竹板再到目前的白纸黑字，字从古文到现代文，书似乎进化了一遍。它让人类进步，也让我们知道古时候的事，书就是人类进步的一大根源。就提高学习成绩来说，各科目都应该多做题，但语文不同，在我看来，语文就是要多看多写，因为书记住了可以用一辈子。

巴金、安徒生、金庸、鲁迅、曹文轩……他们写的书类型不同，但都为书的世界做出了卓越的贡献。在我看过的书中，有几本好书可以推荐给大家，希望这些书可以伴你成长：《红楼梦》《三国演义》《朝花夕拾》《呐喊》《大语文》。这些书都是很好的文学作品，是可以用一辈子的。

"读万卷书，行万里路。"我认为书读多了，你知道的知识就多了，那么你就成长了。

好书伴我行

海韵学校六（4）班　孙子涵

书是什么，是一张张被钉在一起的纸？那只是因为你没有看清它的价值，它是一个打开心灵窗口的大门。有时人会迷茫、会晕头转向，但书会引导你进入头脑聪慧、思维敏捷的世界。你们可能不信，那就说说我以前的经历吧。当我在那些宴会上感到无聊时，我知道有一位可以穿越到另一个世界的东西——书，只要有时间，我就成了"小书虫"——沉迷于读书无法自拔，于是我就利用各种空闲时间来看书。

书是我的好朋友，如果书有耳朵，请听我说声"谢谢"。在学校无聊时，若没有书该是多么难受；在课间，只要老师不让我工作与劳动，我就会拿起书本，徜徉在书的海洋里。书给我乐趣的同时也给了我知识，让我知道了"鲸鱼原来不是鱼"诸多有意思的事！说到读书，我最爱看《三国演义》，它就像一幅画卷描绘着一场场大战，勾勒出一个个人物，所以说，真是"一书一世界"啊！

在未来，我也不会放弃这位特殊的不说话却教我各种知识的老师。"活到老，学到老。"高尔基说过："书是人类进步的阶梯。"那就让我一步一个阶梯，走好人生的每一步吧！

阅读伴我成长

海韵学校六（4）班　谭姿烨

莎士比亚曾说过："生活中没有书籍，就好像没有阳光；智慧里没有书籍，就好像鸟儿没有翅膀。"

从小到大，书籍一直陪伴着我成长。从幼儿时期的《丑小鸭》《海的女儿》《安徒生童话》《格林童话》到如今的《把山河装进心里》《哈佛家训》《茶花女》等，都令我爱不释手。其中，《哈佛家训》令我受益匪浅。《哈佛家训》是一本特别适合青少年阅读的书籍，里面讲了许多人生的道理，教我们如何在学习上、生活上养成优秀的习惯，成为一个优秀的人。这也使我明白了：在这个世界上，没有人能为你读书，你所想得到的一切，必须靠自己去争取、去努力。人生在世，也一定要学会独立，因为没有人会替你成长。真正优秀的人并不全是天才，他们其中有很大一部分其实是付出更多的人。人们常说："笨鸟先飞，在别人玩耍时努力学习。"可又有多少人做到了？在人生的道路上，你不能停滞不前，否则就会被他人所追赶。你必须不断向前，不断超越自我，不断超越他人，才有可能成功。古人云："鱼与熊掌不可兼得。"而成功与安逸又何尝不是呢？选择其一，必然要放弃另一种结局。只有比别人更努力，才能取得比别人更加辉煌的成绩。

书，是一位老师，指引着你前进的方向；书，是一把利刃，替你斩断人生道路上的荆棘；书，是一盏明灯，照亮了你前进的道路；书，是一根丝线，连接着另一个同样热爱书籍、热爱阅读、惺惺相惜的美好心灵。

"读不在三更五鼓，功只怕一曝十寒。"与书为友，与史书为鉴，与好书相伴。趁年少青春，努力读书，尽情阅读，你也许会发现："岁月悠悠，波光明灭，泡沫聚散。"世间许多东西都发生了改变，唯有阅读依然如旧，唯有阅读伴你成长。

我的名著之旅

海韵学校五（4）班　李铭松

我有很多书籍，比如《西游记》《水浒传》《三国演义》《精忠说岳》《三言二拍》……我的名著之旅就是从《西游记》这一本书籍开始的，下面让我带你走进我的旅行吧！

我一翻开书就被神通广大的孙悟空吸引住了，"大闹天宫""三打白骨精""大战红孩儿"一个个精彩的故事，让我回味无穷，书中的唐僧师徒四人在取经路上表现出的团结、勇敢的精神让我佩服。看完这本书后，最让我欣赏的人是孙悟空，他勇敢机智、斩妖除魔，立下了汗马功劳。唐僧的性格是善良而又亲切且待人和气。猪八戒虽然贪图享乐、贪吃、好色、懒惰，每次化斋都要睡上一觉，但他感情真切。沙僧也不错，他一路上勇挑重担，无怨无悔，是取经中最平凡，也是最不可缺少的一人。

《西游记》这一本名著非常好看、有趣，如果你没看过就看一下吧！相信你一看就会爱不释手。

好书伴我成长

海韵学校六（4）班　于朋昊歌

读书使人进步，在书中我们可以体会到无限乐趣，也可以学习到很多知识，充实我们的精神，使我们成长！我喜欢《哈利·波特》，反反复复看了五六遍了，每次都能体会到不同的乐趣！

《哈利·波特》系列一共七部，它极富神秘感和魔幻色彩，不仅让小孩喜欢，也让很多大人乐在其中，它主要讲的是哈利在魔法学校霍格沃兹学院学习、生活和冒险的故事。他正义、勇敢，克服重重困难保护学校，最终战胜了最大的敌人——伏地魔。

伏地魔是邪恶的魔法师，而哈利的父母就是被伏地魔杀害的。那是在一个漆黑的夜晚，哈利还是一个宝宝的时候，伏地魔突然袭击，杀死了哈利的父母，不过哈利的父母在哈利的身上留下了符咒，在伏地魔杀害哈利的时候，魔咒便会反弹回去，继而让伏地魔受到重创并在哈利的额头上留下一道呈现"闪电"形状的疤，这让哈利被魔法界所有人所知晓。因为"闪电"的缘故，哈利与伏地魔也产生了心灵感应，哈利能感应到伏地魔的心理。

在魔法学校，可以学习无限魔法，我最喜欢的是飞行扫帚，可以骑着扫帚飞到你想去的地方，速度非常快！而哈利是骑行扫帚的天才，老师发现他的才能，把他安排进了魁地奇球队。在第一场比赛中，哈利突破重围，用极快的速度捉到"金龟子"，赢得了第一场胜利！

哈利和他的伙伴是勇敢的，他们一起进入禁林去寻找独角兽。禁林是一个让人恐惧的地方，那里可能有伏地魔和野兽出没，作为禁区是不允许人进入的。但他们为了救独角兽，经历了惊险而刺激的一夜。

《哈利·波特》是陪伴了我几年的书，它让我真正体会到了书陪伴在自己身边的乐趣！

好书伴我成长

海韵学校六（6）班　林子源

古人说"书中自有黄金屋"。从小，我就喜欢看书，每当我读一本新书，获取一份知识的时候，我心中的那份快乐是无法用语言表达的。书中那精彩的世界，是多么让我心驰神往啊！粮食，能让我的身体成长；而好书，则能愉悦我的内心，丰富我的知识，提升我的品格。精神的成长，怎么能少得了好书呢？正如高尔基所说："知识是人类进步的阶梯。"

中华民族自古以来就是礼仪大邦，我们的民族自古以来就有知书达礼的传统美德。以礼相待的成语和故事在历史上广为流传，虚位以待、程门立雪、三顾茅庐等等，就深刻反映了这一点。读好书可以使人类明礼又明理，读好书可让人广交益友，读好书能帮人安家治国。好书，犹如一盏明灯，引领着人们进步！

我读过许许多多的书，有《史记》《诗经》《莎士比亚喜剧悲剧集》《三国演义》《水浒传》《红楼梦》《西游记》……

在书的海洋里，我惊叹我们中华民族的祖先在远古时代钻木取火的聪明才智，更惊叹着今天人类进步的网络科技、丛林探险的惊险迭出、美食书籍里的色香味全，原来世界这么的奇妙！在《水浒传》中，我结识了忠诚大义的宋江；在《三国演义》里，我认识了足智多谋的诸葛亮；在《钢铁是怎样炼成的》里，我拥有了战胜困难的力量。在书籍里，我还穿越千年时空，和李白一起对酒当歌，共赏明月……

书是无穷的宝藏，为我增添了丰富的知识；书是快乐的天堂，让我忘记了所有的忧伤。书是冬日里的阳光，带给我春的温暖；书是沙漠里的绿洲，给予了我新的希望。书是良师、是益友，它让我明是非，辨善恶！每一本经过时间的冲刷、岁月的考验流传下来的好书都有它不同的价值。书山有路勤为径，在我成长的路上，我还会阅读更多的好书，让自己变得更加美好，更加强大！

论　书

海韵学校六（6）班　张璐

纵观古今中外，书为最。人类的进化史，不如北斗七星位移，在夜空中如此微妙；也不如宇宙一百五十亿年的历程，那么漫长。在天地之间，他们进化得很快，快到先有书籍后有现在的生活。显然，人类终究是因为好书籍的帮助，才成长的。

（一）

向来都是"丑话先说在前头"，今天论书，照旧，不过"丑话"不是说给书，而是说给人。记得刘向有云："书犹药也，善读之可以医愚。"书籍，终归是人写的，好与坏都是人定的，至于读者，不论好与坏，喜欢就看，不喜欢就撇一边。人写的，为何就不能写的正能量些呢？要我说只有那些道德败坏的人才会写腐朽心灵的书籍，这样下去，怎能做到"书犹药也"呢？用"如山""如海"来形容天下之书并不过分，纵使是天才，穷尽一生也不可能看完这世上的书。但"如山"的书里有腐烂的土，"如海"的书里也有恶臭的垃圾，作为"登山者""潜水者"是否应该避开那些烂土和垃圾呢？只有避开了，才能"善读之可以医愚"啊！若不避开，那才叫真的愚。时代的接力棒交于我们的手上，我们应寻着先人的足迹，好好走下去，而不是走上歧途。

（二）

"丑话"已说完，天已晴，阳光来了。提及书，就不得不提文字。书由什么组成？不就是成千上万的文字。书的灵魂在哪？答案依旧是文字。但我认为书的灵魂并不只在于文字，文字不过是拼凑起来形成语言后再成书罢了，因为书的灵魂在于作者。若提及好书，想到的定是《诗经》《楚辞》什么的，只要于人有益的就是好书，在这里就涉及了传播。比如说你看到了这本书并说它很好看，推荐给别人，别人也觉得好看，于是又推荐给下一个人，就这样一传十，十传百地传下去，一本"好书"就诞生了；那么相反，假如你觉得这本书并不好看，再传播下去，那么一本"坏书"就诞生了，当然这只是最严重的情况。也有像梵高的画一样的书，"生"不逢时。但是很多好书还是真的好的。

（三）

"良言一句三冬暖，恶语半句六月寒。"书也不尽相同，"好书一本三冬暖，坏书半本六月寒。"难道不是吗？成长的过程中，陪伴我们的不应是好书么？

手拿一本书，心向一片天

海韵学校六（6）班　戴缤杰

当我轻轻打开书本，淡淡的书香伴着丝丝微风迎面扑来，书上那精彩的世界，是多么让我心驰神往。阅读犹如一盏明灯，照亮我们的人生；书香犹如花朵的芬芳，浸润我们的童年。

"书山有路勤为径，学海无涯苦作舟。"知识的山峰需要书籍的积淀，而勇攀高峰的我们就需要用勤劳去积累。同时，我们也要在馥郁书香的环境下全面成长。

并非每个人都以同样的方式面对梦想，那为何不让我们在书籍的世界里寻一份安宁，追一份梦想。因为阅读，我的生活变得更加精彩。书籍的魔力是无限的。每当我读着读着，就会情不自禁地随着书本中的故事而悲喜交加。阅读可以让我们懂得人生的真谛以及生活启示；阅读可以让我们品味人生百态以及社会曲折；阅读会把我们带进一个又一个人物的内心，透过它，窥视人生的黑暗与光明。

书籍，使我们的生活变得充实，阅读让人如痴如醉，如歌如狂。阅读令我们穿越千年时空，与李白一起赏月。让我们携着书籍的手，走向内心的一片天，引出世界的一片光芒。

在绿色阅读中成长

海韵学校六（6）班　詹小帆

"书中自有黄金屋，书中自有颜如玉。"这句话一点也没错，我从小就喜欢看书，在书海中成长的我，自然从书中汲取了很多"养分"。

起初，我还看不懂有文字的书，所以那时我特别爱看小人书。一本连环画被我翻了一遍又一遍，像《机器猫》《樱桃小丸子》中的画面，我至今还记忆犹新。

到了五六岁，幼儿园里的老师讲述一个个生动的童话故事，使我迷上了童话书。我遨游在童话的世界里，流连忘返。我来到美丽的森林，欣赏《白雪公主》与动物的欢笑；我来到古阿拉伯，阿拉丁带我去见识神奇的"神灯"；在《海的女儿》中，爱丽思为了爱情跳海自尽；《丑小鸭》让我明白了，人不可貌相，海水不可斗量；《皇帝的新装》又让我懂得了，做人不能太虚荣。在童话的世界里，我不断汲取养分，茁壮成长。

上小学了，世界名著就像一位学识渊博的老师陪伴着我成长。这些名著，让我明白很多道理，《假如给我三天光明》告诉了我，人不能屈于命运，应开拓一片属于自己的天地；《瞎眼山羊把歌唱》告诉我，不管自己与别人怎么不一样，也不要因此放弃，向目标前进；《鲁滨孙漂流记》让我在成长的过程中，学会了要勇于冒险，顽强拼搏，让我认识到应学会在逆境中求生。这一部部名著，伴随着我，让我从幼稚变成熟，从无知变懂事。

感谢书籍，让我在阅读中遨游，在阅读中求知，更在阅读中成长。

书香伴我成长，阅读点亮人生

海韵学校六（6）班　陈语涵

我最喜欢看那端正、优雅的方块字，最喜欢听翻书时纸张相触时发出的那清脆动听的声音。

儿时坐在窗前耳旁萦绕着童话，灰姑娘丢失了心爱的水晶鞋，小红帽与她外婆都在可恶的大灰狼的肚子里，森林里有个寄存梦想的地方，老鞋匠家中有两个会做鞋的小天使，冬日里冻得瑟瑟发抖的小女孩，在天黑时化为泡沫的小公主，这些童话已深深地印在了我的脑海里，我知道如果我失去了它，就像小女孩失去了心爱的玩具，王子失去了公主一样十分痛心。

走进书中，我仿佛置身于一个仙境之中，我在一旁观看这桑提亚哥老人与群鲨对抗的画面，接着我来到了伦敦大街，在浓雾弥漫的英伦大街，看可怜孤儿奥利佛挣扎逃出伦敦底层肮脏、污垢的小巷口。我又来到了圣洁的巴黎圣母院，去倾听卡西莫多的钟声，跟着历史的脚步去看那曾经辉煌一时的圆明园……

啊！书——是人们精神的延续，是历史的记载。

啊！书——是故事的整编，是无情岁月中最美的痕迹，是后代知晓的来源。

莎士比亚曾说过："生活中没有书籍，就好像没有阳光；智慧里没有书籍，就好像鸟儿没有翅膀。"所以同学们，让我们享受阅读，就像我们曾老师说的："将阅读与写字当作人生中最大的享受，这样你会将语文学好。"我们一定要将阅读与写字学好，如果没学好，就像鸟儿失去了翅膀，油画失去了色彩，孩子失去了兴趣，梦想失去了光辉。

我喜欢的书——《三国演义》

海韵学校三（6）班　李雨泽

说起喜欢的书，我最喜欢罗贯中的《三国演义》，因为它非常有趣。

在整本书里，我最喜欢的是关于"战争"的描写。我最喜欢的战役是"赤壁之战"。为什么呢？因为这场战役太不容易了。想一想，如果没有周瑜的苦劝孙权，江东早已灭亡了。如果没有老将军黄盖，就不会有施行苦肉计把曹操给蒙在鼓里这一计策。如果没有孙刘联盟，就不会有最后的胜利。如果没有阚泽下诈降书，也许苦肉计早已泡汤。所以说这场战役太不容易了。

最让我难忘的战役是刘备"大败长坂坡"。那一次，刘玄德大败，负责保护刘备家属的战将是赵子龙（赵云），他不顾自己的性命救刘备的儿子刘禅，赵云非常清楚，刘禅是刘备唯一的儿子，所以，必须要保护好他，赵云的忠心由此可见。他最终连斩三十多员大将，顺利地保护了刘禅。最精彩的部分是张飞大喝一声，把桥喝得微微颤抖，把曹操百万雄兵喝退三十里。

书里最让我感动的地方是，关羽的"过五关斩六将"，只降汉，不降曹。关羽可真是重义气啊！曹操想尽各种办法都没能把他留下。他挂印封金，不辞而别，他不畏艰难，千里寻兄。让我最佩服的人是赵云，因为他一直忠心耿耿，从不抢令也不争功。他胆大心细，打仗进攻时，他身先士卒，撤退时，他一卒不伤，所以人称"常胜将军"。他在江边夺"阿斗"，在最艰险的地方运粮，他敬上而又听下，性情温和。所以说，我最佩服他。

我最欣赏的人是诸葛亮和郭嘉。我欣赏诸葛亮是因为他鞠躬尽瘁，死而后已。为什么欣赏郭嘉呢？因为他在病中还操劳着曹操的霸业，一心向着曹操，所以我欣赏他。

说一说奸雄曹操和枭雄刘备吧！先说奸雄曹孟德，他诡计多端，很会用兵，也是当时著名的文学家，写出了像《短歌行》之类的诗词。可他奸就奸在多疑上，他怕被人刺杀，就连睡个午觉都要换三次房间。再来说枭雄刘玄德，他输就输在一个"义"字上。为了关羽和张飞，他连万里江山都不要了。那他为什么要叫枭雄呢？因为他动不动就投奔一个地方，慢慢地就把那个地方化为己有，荆州等地就是这样被他"拿"下的。

现在，我给大家用小古文来简介一下《三国演义》吧！

话说天下大事分久必合，合久必分。献帝年间，天下英雄好汉四起。十八路诸侯总听袁绍指令共伐董卓，可人各有崛起之心，各不听令，终散。十八路诸侯各霸一方，终被魏、蜀、吴三国所占。北有曹操，东有孙权，西有刘备，成三国鼎立之势。且说孟德发八十万雄兵于江东，终吴蜀两国协力抗曹，孟德大败归许昌。不久后，病逝于许都。其长子曹丕即位，立废献帝，称己为王。此时，云长被江东杀害于麦城。玄德大怒，不听众臣之荐，立发倾国之兵去攻东吴。却被陆逊火烧连营八百里，元气大伤。退守白帝城，玄德身体不佳。终托孤群臣后于白帝城永安宫病逝，丞相诸葛孔明续服刘禅即位。话说蛮人梦获起兵造反，诸葛丞相将其七擒七纵。终感蛮人之心，丞相立讨中原。五出祁山未能成功，终病逝于五丈原。后伯约代替丞相伐魏，终未成功自刎而亡。西蜀无人辅政，继加刘禅听信宦官之言，蜀国终被魏所灭。魏国大权被司马家族所占，终变为晋。司马炎起兵伐江东，破东吴之连环铁锁，终占江东六郡八十一州，完成统一大业。即所为，天下大事，合久必分，分久必合。

我非常喜欢自己写的这则简介《三国演义》的小古文，但我更喜欢《三国演义》！我认为罗贯中的《三国演义》写得实在是太妙了！他能把每一个国家以及人物、战争巧妙地联系在一起，真是妙笔生花啊！我要向他好好学习。

让生命开成一片花的海

不知不觉中，这本书已经接近尾声了。回想我的生命历程，在我生命原野来来往往的人们，有的如同大树一样为我遮阴，有的如同阳光一样给我营养，有的如同雨水一样滋养我，有的如同泥土一样让我扎根，还有的如同太阳一样照亮我……感谢生命中的点点滴滴，感谢生命中的所有遇见！感谢阳光，也感谢风雨；感谢蓝天，也感谢星辰。我扎根在生命的原野上，向日月星辰虔诚地许愿，愿流经我生命原野的人们岁岁安好，月月欢喜，日日晴天！

然而，在生命的原野里，我始终最感谢的还是那如同鲜花一样绽放在我生命的每一个孩子！他们是那么活泼，那么可爱，那么纯真，那么芬芳，让我的生命原野里苍翠欲滴，枝繁叶茂，开出一片又一片花的海！这片花的海里四季芬芳，因为这片花的海里有蜜蜂、蜻蜓、蝴蝶、小鸟在日日歌唱！这片花的海里朝气蓬勃，因为这里有孩子们永远向上，积极进取，志向高远！

最后，谨以学生们的文章作为本书的结尾。愿孩子们在与我一起仰望星辰的路上，用文字记录生命的痕迹，用智慧谱写生命的传奇，书写自己宏大的人生故事。同时祝愿每一位能看到这段文字的人们，生命如同鲜花一般开得绚烂，留下硕果，永远充满希望！

爱

海韵学校六（4）班　曾梓桐

爱，有母爱、关爱、父爱、友爱……在我身上，也围绕着许多爱。爱，既可以是一件大事，也可以是一件小事，只有你用眼睛、心去发现、感受，才知道。

最近，在我身上发生了一件"爱"的事情——外婆的爱。中秋前两天，妈妈回了娘家，祭奠她去世的祖母，我拜托妈妈回来时给我买几包泡鸭爪。结束后，妈妈一直寻找了很久，也没有找到我要妈妈买的泡鸭爪。就在妈妈放弃寻找，准备去车站等车回深圳时，知道哪里有卖泡鸭爪的外婆，拖着她那年迈还有旧伤在隐隐作痛的身子，买了两大包跑到车站让妈妈带回深圳。

听妈妈讲完，我独自回到房间想：足不出户的外婆竟然为了我这点小事奔波到这种程度，这是多伟大的爱呀！这是外婆对孙子、孙女的爱。我沉重地凝视着外婆送我的纸花——"相思"花，包含着伟大的爱的花，我的眼眶渐渐红润起来，眼里落下几滴爱的泪珠，心中有种说不出的特别的滋味。秋天，桂花飘着清香，这也是它对人类的爱，它帮助辛勤收稻谷、蔬果的人们除掉身上的汗味。

在一节课上，老师为我们放了一个视频，是讲一些无国界医生救援世界各国人民的过程，他们在一个个贫穷荒凉的地方，冒着生命危险在炮弹下救死扶伤，用一个小房间迎接了600多个新生命。为那些孩子补充营养、治病，虽然医生不多，但他们都非常重要，只要他们一离开，随时会有生命离开。他们不怕辛苦，哪里有困难，他们就出现在哪儿。他们的爱是沙漠中的一瓶水，是绝望中挣扎的一丝希望，是冬天中那一小片的生机。

让我们每个人都付出一份爱，一份在每个人眼中都珍贵的爱。这份爱可以是平凡朴素的亲情，也可以是跨越国界跨越民族跨越种族的人间大爱。

让苦巧克力变甜

海韵学校六（4）班 罗楷彧

我递给朋友一颗巧克力。

甜巧克力的最佳食用方法，乃是放一颗进嘴里含着，细细品味，享受一场美味盛宴。

可朋友将巧克力迅速塞进嘴里，来不及品味便将巧克力咬碎吞进肚里。

我问朋友："你尝出味道了吗？"

朋友说："没有……"

"那有什么意义呢？你应该含着吃。"

"我怕它是苦的。"朋友苦笑道。

"可它是甜的！"

朋友的声音变得干涩起来："我只是这样想。当你经过一些事后，你也会开始，将任何事往悲观的方向想。"

话音刚落，朋友起身离去。

后来，我经历了一些事，这些事可能来自于亲人的批评，朋友的背叛，他人的讥讽，和失去一些事物的痛苦。我理解了，朋友说的那句话。

再后来我经历的事情多了，也开始将任何事情都往悲观的方向想。

有一天，我去另一个朋友家做客。

朋友递给我一颗巧克力。

我一口将巧克力咬碎吞进肚里。

朋友问："你尝出味道了吗？"我摇头。

"为什么吃那么快？"

"我不敢面对它的苦。"我苦笑道。

"但它是甜的。"

"唉。"我叹了口气："当你经过一些事后，你也会开始将任何事情都往悲观的方向想，就像我将巧克力想成苦的一样。"

"噢，是的。"朋友又拿起一颗巧克力给我："但你总经历过一些快乐的事情吧？哪怕只有一件，只有一件，也只要一件，苦巧克力就变甜了。"

我恍然大悟，连忙道谢。

我送给第一个朋友一盒巧克力，里面夹着一张字条：

一件快乐的事，就可以让苦巧克力变甜。

美丽的校园

海韵学校五（4）班　项宇

我们的学校——海韵学校是一所充满艺术气息的美丽学校。它位于广东省深圳市宝安区金科路和罗田路的交汇处。

正门前你会看到你的右手边有一块石碑上写着我们的校训——海纳百川，德馨雅韵。在你正前方教学楼的主墙上写着我们学校的校名及英文翻译。走进大门，你会看到有一个花园，中间有一棵参天大树，大树四周围绕着十二生肖雕塑，个个都生龙活虎，栩栩如生。花园里还有三个水池，里面有一条条可爱的小鱼以及美丽的睡莲。它们就像一个个小精灵，守护着我们的校园。当然，水池边还有许多五彩缤纷、美丽无比的花朵。

你走过花园右边的路，就到了生物园，里面有很多动物、细菌、血管的模型。看了之后，会让人觉得生命真是太有趣了。你沿着小道就能来到地理园，这里也有很多地区的模型。其中我最喜欢桂林的模型，因为我看到桂林地底下是岩浆。我更明白了"桂林山水甲天下"的深意。

地理园前面是操场，操场里有足球场、篮球场和跑步场。操场边有一个动物走廊，里面有一群羊、三只熊猫、一只犀牛、两只长颈鹿、一只鳄鱼、一只狮子和一只老虎。这些动物都非常逼真，就像活的一样。

我们有五层教学楼。离公路近的是初中部，离公路远的是小学部。我们小学部连着艺术楼，经常能听到美妙的歌声。

每当升旗的时候，管乐队就会演奏国歌。伴随着嘹亮的歌声，国旗冉冉升起。每当国旗升起时，新的一个星期也就开始了。这就是我的校园，我爱我美丽的校园。

与诗同行

海韵学校六（4）班　刘培涵

中华上下五千年的文化历史，祖祖辈辈相传！充满智慧的先人们不仅留下了他们的文化知识，还把他们的生活感悟，以诗文的形式记录流传了下来。这些精彩美妙的诗文，在我们现代的生活中也无处不在哦。只要你用心地感受、深深地体会，奇妙的诗人情怀就会浮现在你的身旁，伴你度过愉悦的时光。

这样的感受，我可是有亲身的体会呢！去年"五一"节期间，我跟爸爸妈妈去广东韶关南岭国家森林公园爬山的一次经历，就使我深深地感受到了诗文"陪伴"的快乐，领悟到了诗文的奇妙之处……

那是一座海拔1 750米的高山。在通往山脚的一路上，虽然是开小汽车上去，但是那山路又窄又弯，每相距不到100米就有马蹄形状的大转弯。小路十分陡峭惊险，它的左边是凹凸不平的石壁，右边是令人望而却步的悬崖。我坐在车里既感到害怕又佩服爸爸的开车技术。此时的我不禁联想到"诗仙"李白写的一句诗"连峰去天不盈尺，枯松倒挂倚绝壁"，这不就是描写我们即将要去攀登的这座高山吗？

绕完了山路十八弯的小路，我们终于到达了山脚下，接下来就要开始徒步爬山了。我们一路上有说有笑，时而快跑，时而停下来观赏山上的美景，心情愉快极了！看着山上绿树成荫，姹紫嫣红，到处鸟语花香，我不由得想起了宋代诗人朱熹写的诗"等闲识得东风面，万紫千红总是春"，这不正是我眼前春天的景象吗？

走着走着，我们被一阵阵哗啦啦的水流声吸引了，沿着水流声快步向前走，突然呈现在我们面前的是"飞流直下三千尺，疑是银河落九天"的壮观景象。一条长约100米的大瀑布飞泻直下，坠入清澈见底的河流中，那声音既清脆又洪亮，十分悦耳动听。

经过不懈的努力，我们终于攀爬上了最顶峰。累，但更多的是激动和兴奋的心情。激动于我们没有中途放弃，坚持爬上了最顶峰；兴奋于我们站上了最顶峰，看到了这一幅幅美如画卷的风景！放眼望去，远处大大小小的山"横看成岭侧成峰，远近高低各不同"。看到此景的我忍不住感慨"会当凌绝顶，一览众山小"；一阵阵清风吹来，我顿时感到"东风好作阳和使，逢草逢花报发生"……

这次爬山之行真是太美妙了！我称它为"与诗同行之旅"。诗歌的奇妙之处，让我在不知不觉中喜欢上了它。我喜欢它简洁的表达方式，更喜欢它能抒发各种不同的感情。让我们一起来感受与诗同行的乐趣吧！

返老还童的木马

海韵学校五（4）班　周炜

在一个超市里，有一个年过花甲的老人，他非常想回到童年，好好读书。

有一天，他在超市的储藏室里打扫卫生。突然，有一个声音传来，老人顺着声音走过去，看见一匹木马正在微微地摇动，老人很是惊奇，他问道："为什么一匹木马也能说话？"木马说："快来，快骑在我背上。"老人想都没想便骑了上去。忽然，木马跑了起来，老人才知道这匹木马是上帝派来送他回到童年的。老人特别兴奋，瞬间他从一个白发苍苍的老人回到一个还不到十岁的小男孩，他立即跳下木马，他看见自己和爸爸妈妈住的村庄。阳光普照着大地，金黄的麦子在阳光下，显得非常金黄饱满，妈妈叫了一声："吃饭了！"大家都争先恐后地回家了。多美好呀！从那以后，老人回到了童年。

在童年的时光里，小男孩成天在家游手好闲，也不读书了，他享受着美好，一天、一个月、一年……时间飞快地流逝，慢慢地，他变老了，又回到了那个超市扫地的老人。老人很后悔，他说："要是回到童年之后好好读书就好了。"他在储藏室里又找到了那匹木马，那匹木马说："现在你后悔了吧？"老人点点头。木马说："我不能再送你去童年了。"老人苦苦哀求说："你再送我回去一次吧，我一定会好好读书。"木马说："好吧，我就带你再回去一次，你上来吧！"老人坐了上去，和上次一样，老人变成了一个小孩，他说："我一定会好好读书的。"果真如此，他认真读书，每天不迟到，也不逃课，渐渐地，他成了他们班上的好学生，后来考上了大学。

最后，他成了一个大作家，创作了很多优秀的作品。

一天，他特意来到那个超市，来看木马，他说："谢谢你！要不是你把我送回童年，我可能还在扫地。"木马说："不用谢！机遇对每个人都是公平的，付出的努力越多，抓住机遇的能力就越强，你做到了！"

老人告别了木马，不久后，他创作了《送我回童年的木马》。

美丽海韵园

海韵学校五（6）班　李雨泽

古人云："上有天堂，下有苏杭。"海韵园虽不及苏杭名气之大，但可值一观。

厅　堂

入学园，忽视一堂，此乃海韵之厅堂是也。两旁绿树成荫，花鸟为颂，中有书画，淡雅端庄，艺韵芬扬。入堂，视一大鼎立于中，上书："海纳百川，德馨雅韵"。屹立于堂，好不威严！后刻一副："一帆风顺"之画作，数舟行于其上，展帆远航！转至背方，作有《海韵赋》，金字刻于亮墙之上，岂不美哉？孔圣人之像立于赋下，双目有神，和蔼有度。此乃海韵堂，真美哉！

中　庭

至中庭，远可闻小桥流水，近可观鱼群嬉戏。中庭有树，最大者，乃榕树，木之大，不知其可也！两旁小树，望比榕木，又何易？十二生肖绕于榕木，呈圆状，生肖座座惟妙惟肖，形各不一。小溪奏乐，鱼儿欢唱，四周环楼，书声琅琅，遥相呼应，好一派和谐气象！一水车立于溪中，正是车转水，水转车，车停水止，车动水花飞溅。溪旁花草芳香四溢，艳丽非凡。一观芭蕉叶，便忆《西游记》，当年铁扇之芭蕉扇堪比否？

操　场

越中庭，乃一大场，此为海韵操场是也。入操场，必过一动物大集会处。斑马精神抖擞，老虎威武凶猛，绵羊三五成群，袋鼠其乐融融……汝若问："此乃是真是假？"吾必答："当为假，但栩栩如生，好似真！但若此乃真，怎得了？"阔步往前，便乃主场。仰望主席台高插三旗，中华国旗迎风飘扬，校、队两旗熠熠生辉。细观跑道，一圈二百余米。红白相间，中有一足球场。想当日，各班雄集于此，争霸方休，真乃蛟龙与猛虎之角逐是也！

结　语

此乃海韵，吾之母校！三处景观，四时皆宜。善哉，美乎，美乎！

又到花开时节

海韵学校六（6）班　连雅莹

春为花开时节，水仙、迎春花、山茶花、白玉兰、牡丹花、杜鹃花、玫瑰花……百花争艳！花开时节又到啦！

走在公园的小径上，花香扑鼻而来，熏陶着我，使我享受着。瞧，那儿的山茶花，红的、粉的、白的、黄的，还有紫的呢！可真好看呀！一朵朵山茶花就像许多位羞涩的小姑娘相互拥抱在一起。那你们知道红色的山茶花的花语吗？我知道，红色山茶花的花语就是：天生丽质、谦逊之美德、谦让、高洁的理性。确实如此，我身边那一大片山茶花，花团锦簇、姹紫嫣红，更体现出了山茶花的天生丽质。

而这儿的迎春花也是清新可爱呀！远看一朵朵黄色的小花在清香中略带一种小清新，近看则会发现还有一些还未盛开的小花苞，但它们身上也散发出了一种独有的气质，使人们深深地被吸引住。这就是公园里的迎春花。

公园里也有一种很坚强的花——勒杜鹃，它不仅在寒风凛冽的冬日开，也在阳光温暖的春天开，它不如玫瑰花、山茶花、水仙、白玉兰这些花那么夺目，但是它朴素无华，仿佛是一位位大方、亭亭玉立的少女。勒杜鹃生长在市街乡郊、大街小巷，它的花瓣大方而美丽，正体现了深圳无限的活力与风采！它不用绿叶的衬托、不用配角，只靠自己那鲜艳的颜色、自己本身独特的气质就能吸引我们的眼球，靠自己的力量来当主角。勒杜鹃是我们深圳市的市花，它代表着我们深圳市民不畏困难、勇于开拓的精神！

沿着公园的小径一直走，我又看见了樱花，许多棵樱花树长在小径边上，我一直漫步走着，风一吹，樱花的花瓣落了下来，落在了身上，落在了手里，这是多么的梦幻啊！樱花宛如一位可爱的女孩，既羞涩又有一颗粉红的少女心。正如樱花本身一样粉红粉红的！

花是春天最美的风景，有的花繁荣，有的花朴素，有的花坚强、有的花梦幻……。不论以怎样的形式绽放，我都希望它们成为世界上最美丽的花朵！

一、主要工作经历

1999年8月—2000年7月，在深圳市宝安区福永街道下十围小学任语文教师、班主任等。

2000年8月—2013年7月，在深圳市宝安区福永街道兴围小学任语文教师、班主任、科组长、教学处副主任、音乐教师、文学社指导教师等。

2013年8月至今，在深圳市宝安区海韵学校任小学语文教师、班主任、科组长、文学社指导教师等。

二、获得的主要荣誉

2000年10月，获深圳市宝安区"教师现场作文大赛"二等奖。

2004年6月，获深圳市宝安区福永街道"优秀教师"奖。

2006年6月，获深圳市宝安区福永街道"优秀教师"奖。

2006年12月，获第三届深圳童话节优秀辅导老师奖。

2007年10月，获深圳市第八届读书月"新华杯"书法大赛指导教师一等奖。

2007年10月，被聘为"宝安区小学语文教师培训"主讲教师。

2008年9月，获深圳市宝安区"优秀教师"奖。

2012年4月，被评为福永街道教育系统"语文学科带头人"。

2012年12月，被评为宝安区"明师工作坊主持人"。

2012年12月，获第九届深圳童话节童话创作大赛优秀辅导教师。

2013年2月，获宝安区创新教师培训"先进个人"。

2015年1月，被聘为2014—2016学年宝安区小学教师继续教育辅导员。

2015年12月，被聘为2015—2018学年宝安区家庭教育讲师团成员。

2016年3月，获宝安区"民族精神代代传"系列教育先进个人。

2016年9月，被评为深圳市宝安区"教坛新秀"。

2016年11月，指导海韵学校朗诵队参加宝安区"第五届松岗杯诗文朗诵比赛"获二等奖。

2016年12月，获2016中国童话节童话故事创作大赛优秀辅导教师一等奖。

2017年3月，获深圳市宝安区教育系统"名师工程"名教师称号。

2018年6月，获深圳市中小学学生"推荐一本课外好书"优秀指导教师奖。

2018年6月，获宝安区语文朗读精英赛"优秀指导教师"奖。

2018年8月，获首届"中国校园文学奖"比赛"优秀指导教师"奖。

2018年9月，荣获第九届全国规范汉字书写大赛指导奖。

2018年10月，获第十九届宝安区读书月小学生现场作文比赛"优秀指导教师"奖。

2018年12月，被评为海韵学校"最美教师"。

2019年5月，在深圳市宝安区"六好工程"评比中分别荣获好课堂、好课程、好科组三项评比一等奖。

三、执教的主要公开课与比赛课情况

2000年，执教《海滨小城》获宝安区福永街道语文教学比赛二等奖。

2007年，执教宝安区语文教学公开课——《听听，秋的声音》。

2014年，执教语文课《荷花》获宝安区语文录像课评比一等奖。

2014年，执教班会课《仁者爱人》获宝安区班会录像课评比一等奖。2014年，执教语文课《菊》获宝安区第三届新课程·新理念复赛第二名。

2014年，执教语文课《卜算子·送鲍浩然之浙东》获宝安区第三届新课程·新理念决赛第四名。

2015年，执教语文课《苏堤杂花》获宝安区语文教学技能大赛评比一等奖。

2016年，执教语文课《回声》获深圳市语文教学技能大赛评比二等奖。

2016年，课例《送鲍浩然之浙东》在"一师一优课一课一名师"评比中获广东省"优课奖"。

2018年，执教宝安区古诗文教学公开课——《伯牙绝弦》。

四、教育教研成果

多篇论文获国家级论文比赛评比一等奖，在省级以上刊物发表文章数篇，多次在教学论文评比中获一等奖；曾指导多名青年教师在教学比赛中获奖；参加省、区课题4项，主持市、区级课题3项，指导多名学生在《深圳青少年报》《宝安日报》发表文章。

论文获奖：

2007年，论文《走进灵魂深处的教育》获国家十三五课题论文评比一等奖。

2012年，论文《如何将"传统文化"引入语文课堂》获国家级评比一等奖。

2012年，教学设计《两小儿辩日》获国家级教学设计评比二等奖。

2012年，文章《在生命之河流淌的教育血液》获宝安区征文比赛二等奖。

2016年，论文《新时代教师的几项"修炼"》获深圳市论文评比一等奖。

2016年，论文《古诗文"艺术化"教学之美》获深圳市论文评比一等奖。

2017年，论文《音乐在语文课堂中的妙用》获国家级论文评比一等奖。

2017年，论文《论"德育歌谣"如何优化学校德育工作》获国家论文评比一等奖。

主持与参与的课题：

2008年9月，参与宝安区级课题《培养学生自主学习的习惯》的研究。

2011年9月，主持宝安区级课题《低年级学生良好书写习惯养成的研究》的研究。

2014年12月，参与宝安区级课题《小学语文分享型课堂研究》的研究。

2014年12月，参与广东省级重点课题《艺术德育功能拓展的实践探索》的研究。

2017年4月，参与宝安区级课题《古诗文教学培养学生审美素养的案例研究》的研究。

2019年6月，主持宝安区级课题《语文课程中的对联教学研究》的研究。

2019年7月，主持深圳市级重点课题《学校美育教学改革探索研究——以海韵学校为例》的研究。

主持与开发的课程：

2016年，负责主持开发了《"雅韵"课程》通过深圳市中小学好课程的评选。

2017年，《"雅韵"课程》通过了深圳市中小学好课程的验收。

2017年，参与《雅韵之中华对联赏析》教师用书、学生用书的编辑工作。